U0508413

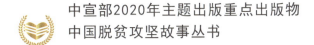

中宣部2020年主题出版重点出版物

中国脱贫攻坚故事丛书

中国脱贫攻坚

红安故事

国务院扶贫办　组织编写

中国出版集团

研究出版社

图书在版编目 (CIP) 数据

中国脱贫攻坚 . 红安故事 / 国务院扶贫办
组织编写 . —— 北京 : 研究出版社 , 2020.11
ISBN 978-7-5199-0790-7

Ⅰ . ①中… Ⅱ . ①国… Ⅲ . ①扶贫 – 工作经验 – 案例 –
红安县 Ⅳ . ① F126

中国版本图书馆 CIP 数据核字 (2019) 第 262926 号

中国脱贫攻坚 红安故事

ZHONGGUO TUOPIN GONGJIAN HONG'AN GUSHI

国务院扶贫办 组织编写

责任编辑 : 陈侠仁

研究出版社 出版发行

（100011 北京市朝阳区安华里 504 号 A 座）

河北赛文印刷有限公司 新华书店经销

2020 年 12 月第 1 版 2020 年 12 月北京第 1 次印刷
开本 : 787 毫米 × 1092 毫米 1/16 印张 : 9.25
字数 : 123 千字

ISBN 978 - 7 - 5199 - 0790 - 7 定价 : 39.00 元

邮购地址 100011 北京市朝阳区安华里 504 号 A 座
电话（010）64217619 64217612（发行中心）

版权所有·侵权必究
凡购买本社图书，如有印制质量问题，我社负责调换。

"中国脱贫攻坚　红安故事"编审指导委员会

主　任：刘永富　谭　跃

副主任：欧青平　洪天云　陈志刚　夏更生　黄志坚

委　员：海　波　陈武明　苏国霞　王光才　黄　艳　左常升

　　　　曲天军　杨　炼　许健民　桑　明　黄承伟　刘俊文

　　　　李富君　陆春生　李　岩　陈永刚

评审专家组：（按姓氏笔画排序）

　　　　于鸿君　王晓毅　艾四林　左　停　叶敬忠　向德平

　　　　刘晓山　张　琦　张志明　张丽君　陆汉文　和　龚

　　　　郑风田　郝振省　曹　立

"中国脱贫攻坚故事"丛书编写工作组

骆艾荣　阎　艳　吕　方　李海金　陈　琦

刘　杰　袁　泉　梁　怡　孙晓岚

《中国脱贫攻坚　红安故事》编委会

主　　　任：余学武

副 主 任：刘堂军　方思意　徐鼎荣　郭金城　鲍晨辉

执 行 主 任：姚福祥

执行副主任：辛向阳

成　　　员：罗红卫　毛红平　张　莉　李绍伦

目 录
CONTENTS

序 言
PREFACE

历史在这里倾诉

湖北省黄冈市红安县，原名黄安。明嘉靖四十二年（公元 1563 年）建县，初名新安县。据《黄安县志》记载，因春秋时地属古黄国，为"求地方宁谧，生民安妥"，复改县名为黄安。

漫长的岁月里，红安先民耕耘树艺，胼手胝足，历尽艰辛，只为求得一时之温饱、安妥。然而，闭塞、贫穷、落后，加之地处偏僻、春风不度，政权、族权、神权罗织成严密的封建等级，使这里因循守旧，民不开化。封闭的小农经济把人们禁锢在贫瘠的田园里，低下的生产力水平衍生出落后的经济。

当历史的车轮走到 20 世纪 20 年代，随着马列主义在中国的传播，红安这块沉寂已久的土地开始走向新生。自 1923 年冬开始，红安人民在中国共产党的领导下，以"铜锣一响，四十八万"的英雄气概，前赴后继闹革命。26 年的革命斗争中，这里的党组织始终存在，武装斗争不断，革命红旗不倒。这里打响了黄麻起义第一枪；这里走出了董必武、李先念两位党和国家领导人及陈锡联、韩先楚、秦基伟等 200 多位共和国高级军事将领；这里诞生了红四方面军，重建了红二十五军，抗战爆发后红二十八军于此改编成新四军第四支队；这里为革命牺牲了 14 万英雄儿女，登记在册的烈士有 22552 人。在中国工农红军第四方面军的序列中，曾经每三个人中就有一个红安人，每四名英烈中就有一个属红安籍，为新中国牺牲之多、贡献之大，全国罕见，是共和国以"红"字褒奖命名的县市，被誉为"中国第一将军县"。

1958 年 12 月 7 日，毛主席在武昌会见红安县委代表（图片由红安县档案馆提供）

红安县城全景图

革命战争年代，红安前辈为了党的事业，"要革命，不要钱、不要家、不要命"，为的就是要让人民当家做主，过上幸福美满的好日子。新中国成立后，红安人民发扬革命战争年代的优良作风，在战争的废墟上重建家园，大力进行农田水利基本建设，奠定了农业稳定发展的基础。其间，红安干部种试验田，办法好得很，还受到毛主席的高度赞扬。

红安干部"种试验田"

由于自然条件、资源禀赋和战争创伤等原因，红安县贫困人口多、贫困程度深、脱贫难度大，是集革命老区、资源匮乏区、贫困地区、优抚集中区"四区一体"的国定贫困县。全县人民在脱贫致富的路上步履维艰。

红安是董必武和李先念两位党和国家领导人及 200 多位共和国将军的故乡。

多少年来，如何改变家乡贫困落后的面貌，也一直是萦绕在他们心头的大事。家乡至今仍然流传着他们的故事。

■ 故事一：山顶上有一个仙境

1962 年 5 月 13 日，董必武视察红安一中（图片由红安县档案馆提供）

　　1962 年 5 月，国家刚刚摆脱三年自然灾害的阴霾，国民经济处在调整和恢复时期，董老回到了阔别已久的家乡。算起来，这应该是他老人家在新中国成立后第三次回故乡。

　　董老回到红安时，正好赶上红安县委开会讨论纠正前几年工作上的失误，安排今后的工作。他告诫县委领导："你们在纠正偏差、吸取教训方面开始迈出了可喜的一步。一个共产党员在任何时候都要实事求是。不能说假话，不能随风倒。"

12 日，他在县委主要负责同志的陪同之下，去视察县内兴建的大型水库——金沙河水库。上大坝时，陪同的同志们见坡陡路滑，忙上前搀扶。董老说："我自己来，不用扶。"下坡时，他还是不要人扶，还一语双关地说："二万五千里长征，路难走吧，我就是没有要人扶。我希望你们也不要人扶，在哪里跌倒就在哪里爬起来。"

13 日，董老视察了红安县第一中学，受到广大师生的热烈欢迎。他把拐杖挂在左手的手腕上，右手不停地挥动着帽子，向欢呼的师生致意。他详细询问了教职工生活、男女学生比例等情况，李汝寿校长一一做了回答。最后，董老勉励广大师生要发扬黄安中学的光荣传统，努力培养社会主义接班人。

在走访民胜大队时，社员们告诉董老："今年的小麦长得比哪一年都好！国民经济一调整，党中央的好政策又回来了，社员心里踏实，也干得起劲。"董老一听，乐得合不拢嘴。

一整天，看亲、访友、做客、谈天，大碗的米酒，放声地说笑。在这里，他不是国家领导人，只是一个归来的游子，人们和他称兄道弟，叙旧忆往，直到深更半夜。夜深了，董老意犹未尽地赋诗一首："三度回乡景不同，树高草密麦丰收。人民生产皆积极，共说中央政策工。"在秘书和夫人的再三催促下，董老才回到卧室休息。

凌晨，夫人何莲芝一觉醒来，发现董老不在屋内。她找到平台上，看见董老正伫立在那里，对着暮色中的远山沉思。早晨来临了，东方山岗的脊峰上泛出一抹玫瑰色，山谷的上空飘荡着轻薄、透明的晨雾。突然，董老以极其低微的声音告诉夫人："小时候，不晓得为什么，我总觉得，那个山顶上有一个仙境，那里有个奇妙的村庄，在那里生活的人，快活得像神仙。"

何莲芝不由分辩地说："简直是梦话，你准是昏头啦！"

"我说的是正经话。"董老说得一板一眼。

是啊，梦境是完美的。但谁又能说，这不是对家乡的一种期待和眷念啊！

■ 故事二："莫光讲粮，还有票子呢！"

在第六届全国人民代表大会第一次会议期间，李先念找到了来自老家红安的代表李家宏，了解红安经济发展情况。

李家宏向他报告家乡丰收的喜讯："1982年，全县粮食总产量突破了5亿斤，创历史最高水平。"但这个数字并没有引起李先念的兴奋。他估计到，家乡搞了农业生产责任制，粮食总产量肯定是大大增加。他担心的是红安的工业发展，担心的是群众富起来没有。面对这位来自故乡的亲人，他毫不客气地说："莫光讲粮，还有票子呢！"

"去年农村人均纯收入124元。"李家宏有些发窘地回答。

"少得可怜啊！"李先念感叹地说，"有粮吃了，还买不起收音机，看不成电视。"在座的几位湖北代表都不好意思，面面相觑。

李先念把目光扫视与会者一周，慢慢地说："一个人面朝黄土背朝天地干了一天活，晚上回屋，肚皮撑得鼓圆圆的，就上床睡大觉。这种生活不变，鬼才去种田，我们不能无限度地提高粮食产量。我们脚下的这块土地有限，它既不会增加，也不会扩大嘛！"

人代会结束时，李家宏找到了李先念，请他对家乡的经济建设提建议，做指示。

李先念托李家宏给红安县委、县政府的领导带信：红安要在稳定农业的基础上大力发展工业。他还阐述了"无农不稳，无工不富"的道理，接着他根据对红安情况的了解，提了一系列的建议。李家宏掏出笔记本，一条一条地记录下来：

"总的来说，红安工业发展要扬长避短，在资源的利用和开发上多做文章。"

"花生多了，光卖果不赚钱，可以搞深加工，使花生果增值。搞得好，就让它漂洋过海，出口创汇，这样才叫划算。"

"烟叶多了，可以办卷烟厂，增加财政收入。"

"茶叶多了，可以搞精制加工。"

"说到市场，这两个字过去有些忌讳，你们思想要解放，现在不能再忌讳它、忽视它，而是要研究它、把握它，办工厂就要出产品，有了产品，就要适应市场，开辟市场，有了市场，产品才能销出去，才能把钱赚到手。如果产品没有销售市场，工厂就要关门啊！"

"还有一点，办工厂要注意不断地搞开发引进，技术设备更新改造不能放松。"

"农村劳力多，不发展乡镇企业就没有着落，只有发展乡镇企业，富余劳力才有事干、有钱赚，群众才能增加收入，实现共同富裕。"

（邓运双：《李先念与故乡——红安（续）》，《中国人才》1994 年第 5 期。）

家乡的贫困时刻牵挂在他们的心中，同样也牵动着历届中央领导的心。

2010 年 1 月 23 日，将军县红安迎来中共中央政治局常委、中央书记处书记、国家副主席习近平的视察。在七里坪镇长胜街，习近平凝视着前方街边坐在家门口晒太阳的一对老夫妇，老大爷头戴黑线帽、身着旧蓝布大褂、怀抱火笼取暖，与衣着简朴的老伴说笑着，其乐融融。这一幕好像触动了他的思绪，他来到老夫妇面前，蹲下身，微笑着说："老人家！您们好哇！生活过得怎么样？"老大爷回答："吃饭虽说不愁，但身体不行，有点怕冷，看病又贵，经济上还不是很宽余。"习近平握着两位老人的手说："你们二老要保重身体呀！"然后慢慢起身离开。

参观完红四方面军总指挥部旧址，习近平说："把当地党员干部和群众多请些进来，我想与他们谈谈，了解一下民情。"听完退休老村支书和大学生村官等的汇报后，他强调，革命先辈们的丰功伟绩，革命老区人民作出的重大贡献，任何时候都不能忘记。要大力弘扬革命老区的优良传统，把老区精神转化为科学发展的强大精神动力，推动老区建设又好又快发展，让老区人民过上更加幸福美好的生活。

革命老区不能永远等同于贫困地区，红安的脱贫牵动着历届中央领导的心，引起了各级领导的关注。

2012 年 7 月 14 日，时任国务院副总理李克强来到地处大别山区的红安县陈升庙村，看望慰问困难群众。在村民陈少兵简陋的家里，李克强关切询问他家最低保障、看病报销、孩子上学等情况，叮嘱当地干部切实做好特困家庭的救助工作。得知政府正在支持村民改造危旧房，李克强来到施工现场实地察看。他说，群众温饱不愁了，解决住房是个大事。农村危房改造是保障性安居工程的重要组成部分，要加大投入、加快推进。随后，李克强与村民围坐在一起，问大家还有什么困难。他指出，按照新的标准，我国还有 1 亿多贫困人口，要打好新一轮扶贫攻坚战，特别是把集中连片特殊困难地区作为主战场，帮助群众摆脱贫困、迈向小康。

　　2014 年 6 月 9 日，全国政协主席俞正声到红安考察工作，对红安的发展寄予殷切希望。

24年扶贫攻坚路
百折不挠

1994 年，国务院实施"国家八七扶贫攻坚计划"时期，红安就被定为国家级重点贫困县。这个贫困的帽子一戴就是 24 年。

漫漫扶贫路走得很艰难。20 多年来，红安人民发扬红安精神，战天斗地兴工业，抢抓机遇建园区，因势利导兴农业，经过红安人民的艰苦奋斗和国家的大力支持，红安县农业基础设施有了较大改善，社会事业有所发展，人民生活水平有所提高。但受交通不便、信息不畅、资源不足等客观因素影响，红安经济发展缓慢、历史欠账较多、农村面貌改观不大，农村贫困状况依然令人揪心，过上幸福的生活一直是老区人民心中的梦想。

据 2014 年的调查分析，全县农业人口 53.95 万人，占全县总人口的 81.12%；建档立卡贫困户 43937 户 112849 人，占全县农村人口的 21%；农村人均可支配收入 8057 元，比全省人均水平少 2792 元。全县贫困人口中，因病致贫占 61.4%，缺技能致贫占 15.4%，因残致贫占 4.04%，缺资金致贫占 17%，缺劳力致贫占 9.67%。这些是老区人民贫困的主要原因。

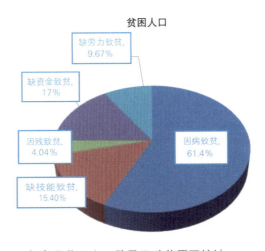

红安县贫困人口数量及致贫原因统计

研究准、研究透贫困户的收入来源及结构，才能对症下药，走精准施策、共同致富之路。党的十八大以来，习近平总书记高度重视扶贫脱贫工作，多次到贫困地区调研指导，并发表了一系列重要讲话，对于指导全国加快精准扶贫、精准脱贫步伐，坚决打赢脱贫攻坚战有着十分重要的意义。2015 年 8 月开始，全国打响精准扶贫攻坚战，红安人民乘着党中央精准扶贫政策的东风，以习近平总书记关于扶贫工作的重要论述为指导，坚持"五个一批""六个精准"的基本方略，举全县之力，汇全民之智，力争打好脱贫之战。

红安县 2014 年建档立卡贫困户人均家庭生产经营性收入为 1019.79 元，占全部收入的 53.28%；人均工资性（务工）收入为 304.38 元，占全部收入的 15.9%，比全县农民平均家庭生产经营性收入低 36.1 个百分点；人均财产性收入 0 元，比全县农民平均家庭生产经营性收入低 0.56 个百分点；人均转移（补贴）收入为 590.2 元，占全部收入的 30.82%，比全县农民平均家庭生产经营性收入占比高 27.69 个百分点。

健康贫困　2014 年，红安县全县建档立卡贫困人口中，患长期慢性病的有 35961 人，占 31.87%；患大病的有 10260 人，占 9.09%；残疾人口有 5850 人，占 5.18%；三类非健康人口共计 52071 人，占贫困人口总数的 46.14%，比黄冈全市平均健康贫困状况高 14.55 个百分点。其中，患长期慢性病、患大病和残疾人口的比例比黄冈市分别高出 7%、2.66% 和 4.89%，健康人口比率比黄冈市健康人口比率低 9.64 个百分点。

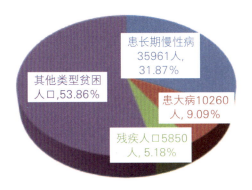

2014 年红安县建档立卡贫困人口贫困状况

教育贫困 2014 年，红安县建档立卡贫困人口中受教育程度，文盲半文盲比率为 16.73%，小学程度人口比率为 30.15%，说明贫困人口的文化素质总体偏低。

劳动力素质能力贫困 2014 年，红安县建档立卡贫困户劳动力中获得职业资格技能等级证书的技能劳动力只有 1732 人，仅占 3%；而普通劳动力 55959 人，占 97%。普通劳动力占比分别比黄冈市、湖北省低 1.5 个百分点和 1.76 个百分点，充分说明，红安县建档立卡贫困户的劳动力素质能力较低。

老区人民的渴盼就是党和政府努力的方向，老区人民的向往就是党和政府奋斗的目标。

湖北省委、黄冈市委将红安作为两级书记抓脱贫攻坚的联系点，要求红安"要带好头、走在前列"。省委主要领导对红安高度重视，多次走村入户调研指导，倾注了大量心血，要求红安"弘扬长征精神，走好新长征路，坚决打好打赢精准脱贫攻坚战"。

湖北省人大常委会副主任、黄冈市委书记刘雪荣同志一直把红安的脱贫工作抓在手上，带领红安人民攻坚克难，不胜不休。各级各部门倾情关注红安、大力支持红安，这些都给红安以巨大的鼓舞和莫大的鞭策。多年来，国家多个部委鼎力支持老区发展，帮扶雨露滋润红土大地，真情关怀温暖老区人民。

据不完全统计，近十年来，各单位共支持老区建设项目达100多个，安排扶贫资金达50亿元。国家住房和城乡建设部定点帮扶红安，7个省直单位和6个市直单位扶贫工作队深入全县7个乡镇、13个贫困村开展驻村帮扶，为红安县脱贫攻坚工作作出了巨大贡献。

2017年，住建部协调湖北省住房城乡建设厅，安排补助资金1274万元（其中危房改造资金980万元，省级配套资金294万元），帮助红安县3019户建档立卡贫困户改造危房，极大地改善了贫困户的住房条件。

省审计厅、湖北工业大学等7个省直部门以及黄冈市委办、市供销社等6个市直部门到红安县12个重点贫困村驻村帮扶。各级驻村工作队共筹集资金436万元，解决了红安脱贫攻坚工作中的一些实际问题。

驻汉部队8个军级单位和12个师旅团单位对红安县的贫困村继续进行定点帮扶。驻汉部队采取每个军级单位帮扶1个乡镇，每4个师旅团级单位联合帮扶1个乡镇、对口4个村，4年抓一个周期的办法，重点围绕"支援农村基础设施建设、扶持发展特色产业、组织劳动技能培训、开展扶贫济困活动"四项内容，形成了"软件"和"硬件"一起抓、"供血"和"造血"相结合的帮扶模式，成效显著。

消除贫穷、改善民生、实现共同富裕，这是社会主义的本质要求，是我们党的重要使命。党的十八大以来，以习近平同志为核心的党中央，站在历史的高度，站在全局的高度，发出了坚决打赢脱贫攻坚战的战斗号令，全县人民认真落实习近平总书记关于扶贫工作的重要论述，把脱贫攻坚作为最大的政治任务、最大的民生工程、最大的发展机遇，全县上下心往一处想、劲向一处使，以"贫困不除愧对先烈、群众不富寝食难安"的使命担当，坚决兑现承诺。

用好"多个一批"
铺就脱贫之路

打赢脱贫攻坚战，既是全面建成小康社会的底线任务，也是必须坚决完成的政治任务和光荣使命。2015 年以来，红安县委、县政府牢固树立"四个意识"，认真贯彻习近平总书记关于扶贫工作的重要论述和湖北省委、黄冈市委的决策部署，把脱贫攻坚作为最大政治任务和第一民生工程，以"贫困不除愧对先烈、群众不富寝食难安"的责任感和使命感，举全县之力，用非常之法，以百倍努力，坚决打赢脱贫攻坚战。

红安县委、县政府系统谋划，制订"2568"扶贫行动计划，先后出台"四大政策体系"（"1+12"精准扶贫政策、"1+9"灾后恢复重建精准脱贫救助政策、"1+6"精准脱贫补充政策、"1+7"脱贫致富政策），密织涵盖产业、医疗、教育、生态、政策兜底等方面的政策之网，切实统筹资源抓扶贫、聚集力量抓扶贫、创新机制抓扶贫、用活政策抓扶贫，向贫困宣战、向困难进军、向脱贫进攻。持续三年的脱贫攻坚战，向湖北省委、省政府交了一份合格的答卷，向老区人民交了一份满意的答卷。全县"五个一批"工作扎实推进，全面落地生根。

第一节　发展产业帮扶一批

红安县坚持长短结合、标本兼治，制定工业、农业、光伏、金融等产业方面的扶贫政策（通过技能培训提能、针对企业用工需求培训就业、金融支持自主创业、光伏扶贫全覆盖、规模发展合作经济的办法治本，通过扶贫资金入股分红、社会帮扶提供保障的办法治标），产业扶贫人数占贫困人口的

94.5%，除五保户和无劳动能力低保户外，保证每户贫困户有 2 个以上脱贫增收产业。

■ 故事一：引进梅花鹿　走出致富路

王冲村是红安县华家河镇佛塔山脚下的一个小村落，在 2016 年的特大暴雨中受灾。农历正月初三，记者通过回访，看到家家户户张灯结彩，祥和喜庆。就着暖烘烘的炭火，村民王焕梅冲我们咧嘴一笑说："梅花鹿进了村，大伙儿有了奔头了！"

哪儿来的梅花鹿？"从深圳招商引资过来的。"华家河镇党委书记汪宝权介绍，王冲村以及周边几个自然村都是典型的丘陵山地地貌，传统种植品种单一，无法开展规模种植，过去村民总是望天收，贫困户不少。"贫困户大多住在山沟沟里或者半山腰上，没资金没技术，连块好地都没有，发展产业没门路，外出打工没劳力，咋个能脱贫？"村支书王焕菊说。

最近两年，当地转变发展思路，把地理劣势变成招商优势，着力引进适宜的项目和产业，让老百姓从绿水青山中挖"金子"。几经周折，四处"兜售"好生态的华家河镇政府通过招商引资，引入了湖北半山生态养殖有限公司的梅花鹿养殖和酿酒项目。对方看中了山沟沟里的环境和气候，在这里布局生态产业。如今近千亩的养殖基地建好了，400 头温驯健美的梅花鹿引进来了，4800 平方米的鹿血酒标准厂房也建成投产了。

在湖北半山生态养殖有限公司的生产车间里，一条现代化酿酒设备和灌装生产线正在加班运转，浓郁的酒香四下弥漫。该公司负责人刘静介绍，这条生产线可日灌装 2.4 万瓶，年产鹿血酒 876 万斤，此规模在全国鹿血酒行业也不多见。

春节前，刘静就收到大批客户的订单。"今年销路不愁了，效益应该不错。"为产业扶贫犯愁的王冲村也从企业的发展中"分得一杯羹"——流转 800 亩土地建生态养殖观光农业基地。村民中愿意流转土地的，可按每亩

600 元的价格流转出去；愿意边学技术边打工的，可在基地打工，一天能赚 70 多元。

养殖基地安排 45 户贫困户长年打工，每名困难群众月收入在 2000 元以上。同时，带动周边村贫困户 162 户 434 人，到养殖基地打零工或种植甜玉米等作物，定期为梅花鹿提供绿色食材，实现了农业增产、农民增收。

红安是国家级重点贫困县。曾经，很多领导到红安都忍不住发出类似"红安怎么还这么穷，乡亲们怎么还这么苦""红安自然条件较差，但红色精神富足，不应该这么穷！"的感慨。在脱贫攻坚中，红安县委、县政府公开承诺，发扬"朴诚勇毅、不胜不休"的红安精神，引进项目、带动产业，抓出特色、办出样板，走在全省前列。

梅花鹿养殖和酿酒产业只是红安近年引进项目的一个缩影。近年来红安引进农业项目 155 个，新建现代农业示范园区 120 多个，带动 5667 户贫困户脱贫，户均增收 8000 元。在农业、工业、旅游、光伏等产业的带动下，2016 年全县共完成 56 个重点贫困村出列，实现贫困户 9938 户 27555 人整体脱贫，精准脱贫工作得到了国务院扶贫督查组的高度评价，被省政府肯定为"精准扶贫一面旗"。

如今，在红安的王冲村、金垸村、新店村等贫困户集中的村子，几乎各家各户都有了三本账：土地流转账、就地打工账、特色种植养殖账。通过产业和项目的带动，很多村落沿袭了千百年的小农经济格局正在发生深刻改变。"呦呦——呦呦——"听到山间传来的高亢鹿鸣声，王焕梅又是咧嘴呵呵笑。路子找对了，每一声鹿鸣都是一支脱贫致富的报春曲。

（李思辉、毛红平：《呦呦鹿鸣来报春——红安产业扶贫一瞥》，《湖北日报》2017 年 2 月 1 日。）

■ 故事二：好政策精准扶贫进家门，巧指导真抓实干早脱贫

每天清晨，红安县七里坪镇石家咀村贫困户万胜利都要将自己的养殖基地打扫一遍：门前小路两旁的杂草被清理一空，院内农具分门别类地收拾

好，柴火被劈成同样尺寸整齐地堆放，门前屋后打扫得干干净净。夫妻俩辛勤劳作，争取早日脱贫是他俩 2017 年立下的"小目标"。

2016 年，万胜利夫妻俩一头扎进山里建起了养殖基地，还承包起了 10 亩鱼塘，政府补贴资金 12000 元；喂养了 5 头耕牛，政府补贴资金 10000 元；饲养 25 只山羊，政府补贴资金 7500 元。2016 年夏天全县受灾，驻村干部紧急送来了救灾款和粮油米面，一笔笔恩情万胜利都记在了心里。

党的政策好，日子越过越有盼头，他想要在家里贴副对联，"必须得是我的心里话"。万胜利脑中灵感闪现："好政策精准扶贫进家门，巧指导真抓实干早脱贫"，横批——"不忘党恩"。

统计显示，截至 2018 年年底，红安县共兑现奖补资金 1.4 亿元，支持 1.8 万户贫困户发展种养业。

（毛红平、方杨：《贫困户自撰对联谢党恩》，《黄冈日报》2017 年 3 月 13 日。）

第二节　易地搬迁帮扶一批

"十三五"期间，湖北省政府下达红安县易地扶贫搬迁计划数为 3464 户 8173 人，2016 年实际完成 2190 户 3870 人，2017 年完成 1274 户 4303 人，三年任务两年完成，2017 年年底搬迁入住率达 100%，累计投入资金 4.21 亿元。全县易地扶贫搬迁安置点 168 个，其中集中安置点 92 个，安置 3010 户 7623 人（含进城入镇回购房安置点 7 个，安置 222 户 852 人）；分散安置点共 76 个，安置 454 户 550 人，集中安置率达到 93.3%。除涉及传统古村落保护、房屋共山合脊无法拆除的，旧房已基本完成拆除。

■**故事**：红安 12 岁少年写感谢信："帮我把这封信寄给党中央，好吗？"
"叔叔，帮我把这封信寄给党中央，好吗？"

2019 年 1 月 5 日，一个 12 岁的小男孩，用两页作文纸写了一封信，想寄给党中央。

此事发生在脱贫摘帽的国家级贫困县——湖北省红安县城关镇竹林新村。

写信的孩子，名叫胡振园，正在读小学六年级。

胡振园一家四口以前是胡家河村一组村民，家里无房，只能租亲戚家的老屋居住。母亲胡腊梅常年患病，丧失劳动力。他的哥哥有智力障碍，全家的生计全靠父亲胡春长种植蔬菜维持。2017 年，他家被认定为贫困户。随后，各种帮扶政策相继落地落实，包保干部经常上门来帮助他们。

胡春长人穷志不穷，在驻村干部支持下，种植"红宝萝卜"等蔬菜，还用包保干部资助的资金，购置了一辆电动三轮车，用电动车搞生产和销售，既减轻了劳动强度，又增加了收入。

最令胡振园感到欣喜的是，2017 年 9 月，红安县给他们家落实易地扶贫搬迁政策，按照人均 25 平方米的标准，在竹林新村分给他们家一套 100 平方米的新房子。

当年，胡春长一家享受了多项扶贫政策：教育补助 1000 元、低保金 7320 元、易地扶贫搬迁户光伏产业分红 1300 元、社会扶贫网捐资 105 元、社会捐赠 200 元。加上蔬菜种植收入 22000 元，全家合计收入 31925 元。

胡振园的新家——红安县城关镇竹林新村易地扶贫搬迁安置点

2017 年年底，胡振园一家顺利脱贫，摘掉了贫困户的帽子。

住进新房后，胡振园欣喜若狂。从此，他不再担心下雨天家里房顶漏水，不再因为害怕打雷闪电彻夜不敢入睡。他想写一封感谢信，又不知道写给谁。于是，他就问妈妈。妈妈胡腊梅不识字，只是告诉他，是党中央的好政策帮了他们一家，叫他长大了要做个对社会有用的人。

2019 年 1 月 5 日，胡振园左思右想，从作文本上撕下两页纸，提笔给"尊敬的党中央领导"写了一封感谢信。

他在信中这样写道（原文中有错别字等问题，编辑做了一些修改）：

我们家的经济条件不是很好，我爸爸妈妈身体都不好，哥哥脑子又不好，一家把希望都放在了我一个人身上，所以我担子非常重。

但是，即使我们家经济条件这么不好，党中央也没有放弃我们家，还派了许多扶贫领导来我们家，从此，这些扶贫领导便经常帮助我们家，如：开免费扶贫医院治好了我妈妈的胃病，花了两个月时间为我们家争取到了一套房子，捐出巨资给爸爸买了一辆电动三轮车，还资助了许多钱给爸爸，使爸爸给哥哥买了一部手机，还给我买了一个新书包。

从此，我们家有了很大的变化，以前一遇到雨天，我们一家就发了愁，因为我们家房顶漏水，一到雨天我们家就成了河，一家人都要不停地排水，非常麻烦。可是，现在我们再也不用担心家里会成河了，因为我家有了房子，不论风吹雨打，不用担心家里会成河了。

这些扶贫领导给我们家带来的方便有很多很多，估计说个三天三夜也说不完。

因为这些扶贫领导帮了我们家这么多忙，所以我代表全家人给这些扶贫领导说一声"谢谢你们，你们辛苦了"。我还要感谢习主席，谢谢习主席带来这么好的政策。我还要谢谢党中央对我们家不离不弃。我在此信中向党中央和扶贫领导们立志：我现在一定好好学习，长大以后做一个社会好公民，找一份好工作，来报答党中央的这些扶贫领导，也会好好地报答父母和亲人

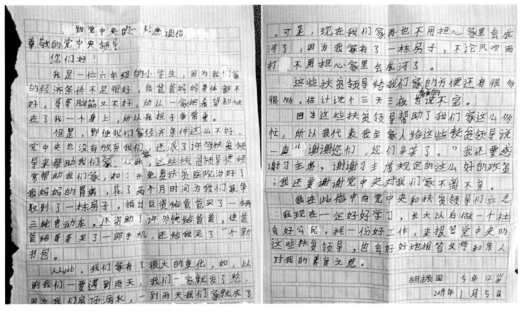

胡振园写的感谢信

对我的养育之恩。

可是，信写好了，12 岁的胡振园犯了难：没有信封，没有邮票，没有具体地址，没有明确的收信人，这信该怎么寄呢？

1 月 6 日上午，红安县城关镇城区总支、县体育局驻村工作队和社区"两委"干部开展入户慰问。他们走进 4 栋 2 单元 102 室胡振园家时，恰好遇到他准备出门去寄信。

就在这时，胡振园见到了熟悉的扶贫干部，当即就说："叔叔，帮我把这封信寄给党中央，好吗？"

这个小男孩的真诚之举，感动了在场的干部。村支书胡功森接过信，弯下腰，一字一顿地对胡振园说："叔叔一定会帮你把信寄出，让北京知道你们全家的感恩之心！"

（罗刚：《脱贫政策暖人心 一封书信表恩情》，红安县人民政府网站，2019 年 1 月 17 日。）

第三节　危房改造帮扶一批

　　结合国务院和湖北省政府精准扶贫及危房改造要求，红安县出台县级危旧房改建政策，对 C 级危房进行维修加固并给予 1 万元资金补助；对 D 级危房全拆全建单人户给予 1.8 万元的资金补助，多人户给予 3 万元的资金补助。三年投入到危旧房改造中的资金达 14390.4 万元，改造农村危房 7772 户。

■ 故事一：住新房　有新业　展笑颜

　　在红安县李家畈绿色蔬菜专业合作社旁住着低保户李述传一家。一进家门，这个家首先给人的感觉是：新，干净，宁静，满屋活力。64 岁的李述传上县里办事去了，65 岁的妻子谢继菊见来了客人，立刻让座、泡茶。

　　李述传患有腰椎间盘突出、坐骨神经痛、胆结石疾病，妻子有心脏不好等疾病，唯一的女儿远嫁鄂州，2015 年被纳入低保贫困户。

李述传、谢继菊老两口的新旧房屋对比

　　老两口在女儿出嫁后有些孤独，在村里的房子也十分陈旧，驻村工作队动员他们享受政策补贴3万元改造危旧房，老两口不愿意。工作队又动员老两口搬到蔬菜基地旁居住，这样既方便在基地打工就业，又能搬离破旧的老房子。2017年10月，他们搬进了敞亮的新家。

　　搬了新家后，老两口精神面貌焕然一新，谢继菊开始坐不住了，她承包了家门口四个大棚，每年的收入有15000多元。李述传偶尔帮合作社开车，一年也有6000多元收入。家里添置了冰箱、滚筒洗衣机、太阳能热水器，还用上了马桶。谢继菊老人笑得合不拢嘴，她说："以往光种点花生，一年收入5000元左右。如今房子漂亮了，收入增加了，人越活越有劲了。"

谢继菊在自己承包的蔬菜地里劳作

　　（李绍伦：《红安脱贫故事（一）》，黄冈新闻网，2019年4月22日。）

■ 故事二：古稀之年再创业，脱贫致富换新房

红安县城关镇倪赵家村十组 76 岁村民赵炳权，爱人李明珠 74 岁，两个女儿先后出嫁。2015 年，赵炳权被列为贫困户。

2016 年以前，赵炳权和老伴居住的是三间土坯房，房子有随时倒塌的危险。

赵炳权以前养过蜜蜂，但缺乏专业技术知识，始终没有摆脱贫困。"忽如一夜春风来，千树万树梨花开。" 2016 年，在国家扶贫政策的引领下，加上迫切渴望早日脱贫，他参加了技能培训积极学习养蜂技能。在扶贫工作队的帮助下，赵炳权现已养蜂 20 箱，每箱产的生态蜂蜜收入有 3000 元，年收入达 6 万元。

2016 年 12 月底，赵炳权拆掉了老房子，享受国家补贴危房改造款 3 万元，自筹资金 7 万元，建起了一栋有三间房的新瓦房，房前屋后栽种了 60 多棵常青树和 20 多盆花卉。

2017 年春，红安县水利局帮助村里建起了水厂，赵炳权家用上了清洁的自来水。2018 年，他家彻底脱贫。赵炳权激动地说："感谢政府，感谢习近平爱民亲民的好领袖。"

赵炳权家的新房子

赵炳权在开展养蜂工作

赵炳权一家人在新房前的合影

第四节　健康扶贫帮扶一批

2015 年以来，红安探索健康扶贫"4321 模式"，推行入院不缴费、报账一站式、就诊一卡通，住院报销比例达 90%，个人年度医疗自费金额不超过 5000 元，超过的部分由政府购买商业保险进行补偿报销。据统计，全县共救助住院贫困患者 66380 人次，住院医疗总费用为 3.79 亿元，基本医疗保险报销 22857.23 万元，大病医疗保险报销 3947.96 万元，政府补充医疗保险报销 8115.34 万元，民政救助 409.56 万元，个人自付 2603.31 万元，实际报销比例为 93.14%，住院医疗次均自付费用仅为 392.2 元。

红安县精准扶贫医疗救助暨千名医生进万户活动启动仪式

包保干部向贫困户宣传健康扶贫政策

■ 故事：医疗费用政府兜底　为贫困户撑起"保护伞"

2017年6月16日，黄冈市委常委、红安县委书记余学武在去医院看望受伤的工作队队员时，在电梯里遇到一名患者向他敬了一个礼，动情地对他说："真是感谢党的好政策啊！"经过了解，他是七里坪镇杨李家村贫困户李子明，多年前患股骨头坏死，由于治疗费用昂贵，一直没有进行手术治疗。通过享受健康扶贫精准救助政策，他只花5000元就在县人民医院完成了髋关节置换手术。手术前在家需要有一个人专门照护他，现在他不仅生活能够自理，还在村里担任了护林员，相当于解放了两个劳动力。

城关镇黄魏村贫困户夏必明的妻子和儿子都患有精神疾病，因治病耗光了家里所有积蓄，2017年，夏必明也因病住院。在政府的帮助下，他们家享受到了健康扶贫政策。夏必明说："2017年我患阑尾炎，去人民医院医治，花了5000元左右，自己出了不到1000元，感谢党的好政策。"

县、镇干部在城关镇黄魏村贫困户夏必明家宣传健康扶贫政策

万建民是七里坪镇马岗村的贫困户，一家四口中有两人患病：万建民患腰椎间盘突出 20 余年，基本丧失了劳动能力；女儿患肾功能衰竭症近 6 年。父女俩长年靠药物治疗维持生命，每年医药费支出近 3 万元。2017 年，在享受健康扶贫政策后，万建民赴湖北省中西医结合医院进行了手术治疗，花费近 6.6 万元，新农合报销了 3.8 万元，如果没有实施精准扶贫，仅通过新农合制度报销后，他个人还需自费 2 万多元。因为享受健康扶贫政策兜底，加上补充医疗保险，个人只需花费 5000 元。万建民说："以前得了病，感觉天塌了，大人也受苦、小伢儿也造孽。没想到党和政府出台这么好的政策，5000 块钱就治好了病。多亏了党的政策好，给了我们家希望，我准备年底带小伢儿去武汉治病。感谢党中央呀！"像万建民这样的家庭，如果没有健康的身体做支撑，没有劳动力，很难依靠自身的努力来摆脱贫困。

县卫生健康局扶贫办的工作人员说："贫困户持医疗救助证在红安县 14 家乡镇卫生院、4 家县级医院及武汉市中心医院、武汉市新华医院就医，住院费用报销比例达到 90%，个人自付费用一年不超过 5000 元，超过 5000 元的部分由县政府兜底补偿。五保户及精神病患者的个人报销比例达到 100%，医疗救助对象出院结算时在定点医疗机构专用窗口现场结算。"

医疗费用政府兜底、免费的健康体检、免费的签约家庭医生、崭新的村级医务室、主动热情周到的医疗服务等，实实在在地让贫困人口感受到了党的好政策，群众获得感得到明显提升。红安县投入 630 万元用于贫困人口家庭医生签约服务。2018 年全县完成贫困人口家庭医生签约 88360 人次，全县家庭医生上门服务 22 万次，签约面达到全县覆盖。

健康扶贫已成为红安县贫困人口心目中最满意的扶贫项目。红安县杏花乡凉岗村贫困户张朋兵逢人就说：自己一辈子没参加过体检，这次，借扶贫政策，全家 4 口人免费到医院参加了体检。80 岁的老母亲由于行动不便，不能出门，医院派人亲自上门体检。国家政策真是好！

目前红安县贫困人口中有 2273 人完全恢复了劳动能力，9247 人部分恢复劳动能力。通过劳动能力的恢复，贫困群众建立了自我发展的信心，具备了自我发展的基本条件，自我发展的能力得到大幅提升。现在这一部分贫困群众不但能生活自理，还能从事养牛、养鸡等生产活动，保证了贫困对象如期增收脱贫，加快了其脱贫奔小康的步伐。

第五节　教育扶贫帮扶一批

红安县认真落实国家教育扶贫普惠政策，通过国家资助、县政府资助、免校车费、社会捐助等形式，确立了从学前教育到高等教育贫困学生资助全覆盖，确保不让一名学生因贫失学。

李晨，红安县城关镇似马山社区一组的低保贫困户，身患恶性淋巴癌，治疗费用高达 120 万元，在 16 岁的花样年纪饱受病痛的折磨。红安公积金办事处驻似马山社区工作队队长陈继学进行反复走访，鼓励李晨继续坚持学习，参加 2017 年高考，同时帮助他落实医疗救助政策共报销医疗费用 50 万元。陈继学又联系《黄冈日报》的记者进行相关报道，希望通过媒体发起捐助，最终获得捐赠资金 15 万元。随后，陈继学联系县、乡两级人大代表并引起了大家的关注。2017 年李晨参加高考考上黄冈师范大学，陈继学又及时联系县教育部门，让李晨获得教育部门的委托代培指标，资助入学费用 5000 元，同时签订就业合同，毕业即成为小学全科教师，解决了李晨上学和就业的后顾之忧。他还帮助李晨父亲李俊峰贷款购买校车，增加收入，解决家庭债务。

据统计，2015 年春季至 2018 年春季，红安县共资助贫困生 53336 人次，共发放资助资金 3403.285 万元。其中，学前教育资助贫困生 11187 人次 595.6 万元，义务教育阶段资助贫困生 33043 人次 1867.86 万元，高中资助贫困生 6686 人次 697.825 万元，中职资助贫困生 2420 人次 242 万元。高等教育阶段的社会捐助，捐助贫困生 379 人次 252 万元。

《中国教育报》对红安县教育扶贫进行专题报道

第六节　培训就业帮扶一批

　　结合美丽乡村、城镇管理、生态保护等工作，红安县统筹安排公益性岗位 3570 个，其中生态护林员岗位 570 个，人均年增收 4000 元；保洁员岗位 3000 个，人均年增收 5000—10000 元，既美化了乡村，又增加了贫困户的家庭收入。两年来，红安县共培训贫困人员 35970 人次，其中对全县有劳动能力的贫困户开展劳动力转移培训 15970 人次；组织召开多轮次的县、乡大型企业招聘会，通过校企合作点对点专业培训 2493 人。

■故事一：扶贫路上领头"羊"

红安县杏花乡高升村地处湖北东北大别山南麓，这里风景优美、饲草丰富、泉水叮咚，是天然的养羊佳境，群众历来有养羊的传统。2015年湖北红泰羊养殖股份有限公司带着资金和先进的湖羊养殖技术，带着县领导、产业局对湖羊养殖产业扶贫项目的信任和重托，同重点贫困村高升村结成了帮扶对子，带动高升村36户贫困户发展湖羊养殖项目以帮助他们脱贫致富。

高升村贫困人口多，类型比较复杂，有的因病致贫，有的因丧失劳动能力致贫，有的失智，有的独居孤寡。针对贫困户的不同情况，红泰羊公司为他们制定了三种扶贫模式。对没有劳动能力的贫困户公司"帮"着他们脱贫；对有一定劳动能力但没有养殖经验的贫困户公司"带"着他们脱贫；对有劳动能力又有养殖经验的贫困户公司"扶"着他们科学养殖，走上养殖脱贫致富的道路。

需要"帮"的贫困户有9户，大多年老体弱、孤独无助、没有劳动能力。红泰羊公司对他们采取湖羊寄养模式，每户以政府给予的6000元扶贫奖补资金，在公司领养20只湖羊挂牌寄养，红泰羊公司每年给他们发放3000元以上分红，极大地改善了他们的生活质量。

需要"带"的贫困户有25户，他们有一定的劳动能力，往年因为养殖效益差，他们有的离家外出打工，没在外打工的就近做些零工活计补贴家用。公司带动他们成立了合作社，贫困户以政府资助的15000元作为入股资金，公司拿出羊、汽车、资金等入股，在政府的帮助下为合作社修建了五栋羊舍。合作社采取自负盈亏、独立核算、利润分成的运作模式，村委作为监督机构监督合作社的运营。为了确保贫困户免受市场冲击而利益受损，公司以利润为担保，通过了"三年保底，每年三千"的分红保底政策，确保贫困户在合作社成立当年就能分到红利，增加了他们对合作社的信心。合作社成立后，贫困户还可到合作社打工获得收入。

需要"扶"的贫困户有两户，公司针对他们提出了具体的方案。一扶资。贫困户没有钱投资，政府和村集体为他们免费提供羊舍，红泰羊公司提出了借母还羔的思路，为他们免费提供种羊，约定等到贫困户挣了钱后再还同等数量的羊，打消了他们的顾虑。二扶智。红泰羊公司为他们开展了免费的讲座，公司负责人亲自鼓励他们，在湖羊的品种、周期、效益、市场等方面帮他们进行全面分析，并签订合同保证回收他们的产品，打开了贫困户的思路和视野。三扶技。红泰羊公司技术人员定期到这两个贫困户家中走访，将养殖湖羊的核心技术毫无保留地教给他们，避免了他们在养殖创业途中走弯路。这三项举措不但帮助他们脱贫而且还走上了致富的道路。耿纪明家翻盖了新房，因为家贫一直未娶的大龄儿子也说上了媳妇，一家人其乐融融。阮自力家因为养羊，一年可以增加近 7 万元的收入，猪肥羊壮，喜气洋洋，彻底脱贫走上了富裕路。

现在，红泰羊公司借助政府扶贫政策东风，开创了多元扶贫模式，在全县范围内推广湖羊养殖这一投资小、见效快的养殖项目，带动更多的贫困户发"羊财"。通过耿纪明、阮自力两户自繁自育的典型激发了村民养殖湖羊的热情，高升村也发展成了红泰羊公司的养殖基地。农户家以前收获时废弃的花生秸秆也变废为宝，作为羊饲料全部收集起来，避免了环境的污染。合作社养殖产生的羊粪作为天然有机肥被高升村莲藕基地全部消化。

■ 故事二：就业铺平致富路

江全荣是红安县杏花乡一个普通的家庭妇女，曾经有一个幸福美满的家庭。丈夫在外打工，每年有好几万元的收入，江全荣在家抚养一双儿女，做起了全职妈妈。天有不测风云，几年前，江全荣的丈夫在外做建筑工时，不慎从高处坠落，造成全身多处骨折，到武汉治疗花费 20 余万元，欠下了 10 余万元外债。家庭遭难，因病致贫，生活的重担一下子压在了江全荣这个弱女子身上，江全荣一度感到迷茫："这以后的日子可怎么过呀？"

　　2017 年 3 月，江全荣听说县人社局开设了服装制作精准扶贫培训班，她就报名参加了。在为期一个月的培训中，江全荣认真向老师和同学学习，很快掌握了服装制作的技法，培训期满后顺利通过了劳动就业部门的考核，拿到了结业证书。

2018 年红安县人社局组织贫困户有针对性地开展劳动力转移培训

县人社局组织三正职业技术培训学校给贫困户进行技能培训

江全荣结业后，经县人社局推荐到本县开发区的一家服装厂打工。服装厂工资实行计件制，她从当初找不到工作零收入到现在每月拿2000多元，她心里倍感高兴，逢人就说："国家的好政策，既让我学到了缝纫技术，又帮助我找到了工作，我家有希望了。"

江全荣在园区的成功就业，正是得益于县人社局为贫困户制定的"订单式培训，定点式就业"政策。此政策根据培训人员的培训意愿和企业用工需求，先组织开展职业技能培训，再根据培训人员的就业意愿、就业技能和企业岗位需求，对人员进行比对初选，指导选择就业岗位，实现人岗合理匹配。

通过技能培训受益的人不光是江全荣一人，县人社局针对全县贫困户，先后开展了月嫂、养老护理、家政服务、电脑制图等方面的培训。通过"三分理论，七分实践"的培训方式，旨在提高学员职业技能、增强就业竞争力、适应日趋复杂的就业环境，并通过职业指导和推荐，将大量的贫困户送往对口企业就业，帮助他们实现了脱贫。

第七节　光伏项目帮扶一批

红安县光伏项目累计投入5亿多元，覆盖了所有重点贫困村（96个）及贫困户（17648户），每村建设了一座50千瓦光伏电站，每户建设了一个3千瓦分布式光伏发电站（产权及收益分别归贫困村和贫困户所有）。每年可帮助重点贫困村和贫困户共增收约5700万元，每年可为每个贫困村集体增收5万元左右，让贫困户每年坐享3000元左右的"阳光收入"，持续获益25年。

■ 故事：光伏扶贫样本　红安县探索"2533"模式

光伏扶贫是落实国家精准扶贫、精准脱贫战略的重要举措，是促进贫困村、贫困户稳定增收的重要途径。2014 年以来，红安县贯彻落实绿色发展理念，深入实施生态立县战略，高举绿色扶贫大旗，充分发挥本地丰富的光照和荒山荒坡等自然资源优势，积极响应国家光伏扶贫政策，探索实践光伏扶贫模式，成功实施光伏扶贫工程，以绿色扶贫引领困难群众走上了"阳光"脱贫路。

（1）因地制宜大力发展光伏产业

红安被列为"国家层面的生态型限制开发区"——大别山水土保持生态功能区，这对红安县生态环境保护提出了更高要求。在保护资源环境的基础上发展经济，可再生能源的开发利用是一条重要的途径。红安属亚热带季风气候，年均总日照时间为 2088.6 小时，占可照时数的 45%。红安又地属大别山南麓的丘陵地区，荒山荒坡多达 10 多万亩，光伏产业开发利用潜力巨大。

红安县委、县政府在充分调研的基础上，决定大力发展以光伏为代表的新能源产业，把发展光伏产业当作重要支柱产业来抓。光伏扶贫具有建设周期短、见效快、增收持续稳定等优点，在全县大范围内实施已具备条件，适逢国家提出精准扶贫的战略部署，为此红安县委、县政府制定的 13 个精准扶贫措施中均将光伏扶贫定为重点产业，并要求狠抓项目落实。

2014 年，红安县建设了高桥镇光伏发电扶贫推广示范项目，取得了良好的示范效应，为全县开展光伏扶贫工作奠定了良好的基础。红安县因势利导，以镇、村为单位，组织群众代表到示范点现场参观学习，宣传光伏扶贫政策，广大贫困户深刻感受到光伏扶贫的增收效果，强烈要求列入光伏扶贫对象。

（2）探索"2533"光伏扶贫科学模式

在总结经验的基础上，红安县不断创新户用分布式光伏开发利用机制，探索分布式光伏开发利用的新途径、新方式，探索实践了"2533"光伏扶贫科学模式，成功实施百村万户扶贫工程。

安县七里坪镇万田畈村信义光伏发电站一角

"2"——两种建设类型。结合红安实际，充分利用闲置资源，使荒山变银山、屋顶变金矿。

一是以相对集中的地面村级电站为主。综合考虑用地、管理、并网等因素，采取整村或联村建设模式，按照全县统一每亩300元价格，流转荒山坡地2050.5亩，在161个点位集中建设村级电站267个，总装机规模61556千瓦。其中每村建设一座50千瓦光伏电站，每户建设一个3千瓦分布式光伏发电站，产权及收益分别归贫困村和贫困户所有。

二是以屋顶分布式发电系统为辅。2014年，启动光伏扶贫试点，在高桥镇建设了总投资720万元、总装机容量300千瓦的屋顶分布式光伏发电站，帮助300个农户户均年增收3000元以上，经济效益明显，为全县光伏扶贫推广工作奠定了良好基础、积累了宝贵经验。为解决少数新增贫困户收入和易地扶贫搬迁产业配套问题，红安县成立能源投资开发有限公司，投资在产业园区、新农村建设小区以及易地扶贫搬迁集中点建屋顶分布式扶贫电站，统筹解决其他特殊贫困群体的稳定收入问题。

"5"——五个筹资渠道。实施光伏扶贫最大的难题是初期的建设资金。红安全县光伏扶贫项目总投资达51791万元（不含社会捐资），前期资金投入压力大。红安县充分用好用活各项扶贫政策，争取多方支持，通过开拓"地方财政资金＋金融机构贷款＋贫困户贷款＋扶贫资金＋社会捐赠"5个筹资渠道，破解项目融资难题。

一是地方财政筹集整合一批。县政府按照"渠道不乱、用途不变、捆绑使用"的原则，整合各类涉农、移民搬迁等资金10672.6万元。

二是金融机构贷款一批。由县政府向县农发行、农行主借光伏扶贫贷款共26000万元，本金和利息分10年逐步偿还。

三是贫困户自筹一批。贫困户每户从农行集中贷款8000元，共14118.4万元，由县政府全额贴息，本金按"332"模式3年逐步偿还，即脱贫摘帽之后，贫困户第一、二年各偿还3000元，第三年偿还2000元。

四是上级扶贫资金支持一批。与对口单位紧密对接，争取省发改委专项资金1000万元。

五是社会捐赠一批。企业积极响应中央号召，全力参与支持老区精准扶贫工作，劲酒集团、信义光伏、湖北省电力勘测设计院及光伏施工企业等爱心企业共捐赠资金和设备6000万元。

"3"——三高建管标准。坚持从高设标、建管并重、政企同向，确保光伏扶贫项目高标准建设、持续性收益。

一是高标准设计。2016年年初，红安县组织国内6名光伏专家，按照行业领先标准设计光伏组件技术招标参数，高标准制订设计和实施方案。

二是高质量建设。面向全国公开招标5家知名光伏企业负责项目建设，并招标一家专业监理公司，对设计方案、材料采购、组件安装等环节进行全天候、全过程跟踪监理，确保建设质量。

三是高效率运行。为了保障扶贫电站建成后的长效运行和维护管理，招标一家专业运营维护公司，全面负责所有光伏扶贫电站的后期运营管理，确保项目稳定性和增收持续性。

"3"——三定结算环节。为确保光伏扶贫发电收益按时足额发放到贫困村、贫困户，保证结算过程公正、公平、公开，红安县坚持总体平衡、相对均衡的原则，出台了《光伏扶贫收入分配管理办法》，明确了关键的结算环节。

一是锁定结算对象。按照全县重点贫困村、建档立卡贫困户和社会捐赠或自建电站，锁定3类结算对象。

二是确定结算流程。以乡镇为基本结算单位，按0.98元/度计算发电收益。

三是限定结算时间。原则上以电力实际结算时限为准，每年至少结算两次以上。电力结算金额集中拨付到乡镇指定的三资账户后，乡镇在15个工作日内核算出支付细项并及时转账至村集体、贫困户账上。

（3）经济效益和社会效益双丰收

红安县光伏扶贫电站已于 2017 年 6 月 30 日前全部并网发电，截至 2018 年 11 月底已产生发电量 9247 万千瓦时，取得了良好的收效。

一是增加了贫困村、贫困户的收益。截至 2018 年 12 月已发放至贫困村每村平均收入 5.78 万元以上，提高了贫困村的集体收入；发放贫困户收益户均 3470 元以上，增加了贫困户的获得感，提高了贫困户的生活保障。

二是收益稳定。光伏扶贫工程建设周期短、见效快、增收稳定，可持续获益 25 年，5 万贫困人口可从中受益，每年可帮助贫困村集体增收 5 万元、贫困户每户平均增收 3000 元，保证了贫困村、贫困户的长期稳定收益。

三是环境效益。总装机 61 兆瓦的光伏扶贫电站 25 年累计发电量约为 152500 万千瓦时，节约标准煤约 61 万吨，节省原煤 83.97 万吨，减少二氧化碳排放约 149.55 万吨，减少二氧化硫排放约 4.5 万吨，减少氮氧化物排放约 2.25 万吨，减少碳粉尘排放量约 40.8 万吨。

光伏扶贫电站主要是三分养七分建，为了保障贫困村、贫困户的收益，全县 161 个建设地址的 267 个村级光伏扶贫电站已全部实现数据化传输、专业智能化管理。

红安县充分利用自身独特的地理优势，大力发展以光伏为代表的新能源产业，把发展光伏产业当作重要支柱产业来抓，并直接与脱贫攻坚相结合。在探索实践过程中，红安多渠道筹集资金，坚持总体平衡、相对均衡的原则，出台了《光伏扶贫收入分配管理办法》，明确了关键的结算环节，让利于贫困村、贫困户，不仅取得了良好的扶贫效果，还产生了巨大的环境效益和社会效益。

（龚后雨：《湖北省红安县探索实践"2533"光伏扶贫模式侧记》，《中国建设报》2019 年 3 月 26 日。）

第八节　金融信贷帮扶一批

红安县系统设计了"富民信用贷、富民项目贷、富村分红贷"三种扶贫模式，建立金融扶贫支撑体系，县政府共设立4590万元风险基金，协商银行放大7倍资金支持全县贫困户、扶贫市场主体及贫困村集体发展。截至2018年5月底，红安县扶贫小额贷款累计发放5.38亿元，向45个贫困村发放扶贫贷款2262万元帮助发展村级集体经济，村年均分红增收4万元；贷款支持18666户贫困户自主创业或入股市场主体，5885户贫困户利用富民信用贷入股市场主体，户年均分红3000元以上，扶贫小额贷款覆盖率达到83.76%。

扶贫小额贷款贴息汇总表

单位：元

银行＼时间	2016年	2017年	2018年	2019年一季度	合　计
县农行	1559367.32		852927.56		2412294.88
县建行			1062892.15	254600	1317492.15
县农商行	3362006.88	3119321.87	9115305.77	1987729.46	17584363.98
县邮储银行			348922.68	124776.52	473699.2
长江村镇银行		57336.63	1229997	315786.97	1603120.6
合　计	4921374.2	3176658.5	12610045.16	2682892.95	23390970.81

红安县扶贫小额贷款贴息汇总表

■故事：王昌乐的春天：年过半百脱贫又脱单

村民王昌乐，小时候生病，家里没钱医治，导致脊椎弯曲伴其一生，因身体原因，成年后不能干重活，一直被村里人瞧不起，时常有村民和他开玩笑，"昌乐，天气太热了，找棵大树躺着乘凉吧！"这种来自外界的轻视，他早已习以为常，自卑压倒了他改变命运的决心，过着什么也不去想、什么也不愿干，一人吃饱、全家不饿的生活，50多岁还孤身一人，是村里名符其实的贫困户。

眼瞧着再过五六年就到60岁，村干部看在眼里、急在心里。对王昌乐自身而言，脱贫的关键在于解放思想，激发其内生动力。为了给予他最大的支持，村委决定将村里的一片山地免费承包给他，在亲戚朋友的帮助和鼓励下，2015年年底王昌乐的养殖场开工了，300平方米的鸭舍建设成功，当年进了第一批鸭子1000只。

2017年扶贫工作队与村委一起，为王昌乐争取到产业扶贫资金26000元，帮其在承包地原有水塘的基础上进行鱼塘改造，改造后的鱼塘面积达15亩。另外还建了一间100平方米的鸡舍，当年投产养殖400多只土鸡，由单一的养鸭升级为多种养殖。为改善王昌乐的居住条件，扶贫工作队与村委又为其争取到危房改建资金18000元，为其新建居住房100平方米。政策上的扶持，大大减轻了王昌乐的经济压力，养殖技术上的支持，又给他吃上了定心丸。

本应有一个很好的结果，但事情并不是一帆风顺。2017年因行情不好，王昌乐的鸡蛋和鸭蛋根本卖不动。有一天，扶贫工作队队员去看他，只见他将成筐的鸡蛋搅碎倒入鱼塘中，问其为何，他说："蛋卖不出去，只有拿来喂鱼了。"看着他一副丧气、无奈的表情，工作队员鼓励他说："别着急，我们来想办法，一定会让蛋卖出去的。"为了给王昌乐的鸡蛋、鸭蛋找销路，驻村扶贫工作队当天就开始行动，发动他们身边的亲戚朋友来购买，只要有人购买，工作队队员随时免费送货上门。通过这一途径，王昌乐的鸡蛋基本上不愁销了，但鸭蛋销售还是不行，以前来收购鸭蛋的商贩因行情不好，不断地减少收购量和降低收购价，卖鸭蛋的收入已不足以支付饲料款。鸭蛋没人买，可长时间放在库房里又会坏掉。正在一筹莫展之际，有个工作队队员灵机一动：把鸭蛋腌制起来不就可以长放吗？说起来容易做起来难，工作队员与王昌乐一起，在网上学习鸭蛋的腌制方法，经过多次试验，第一批合格的产品成功腌制出来了。第一笔生意来了，扶贫工作队联系县技工学校食堂，客户要求咸鸭蛋要煮熟，给的价格不错。本来以为是很简单的一件事，但煮鸭蛋又经历了一番波折，开始因为性急，火太大，鸭蛋都煮破了。经过几锅的试验，才摸到了门道，煮出了合格的熟鸭蛋。为了及时交货，工作队队员们与王昌乐一宿没睡，将 1000 个煮好的鸭蛋，一清早送到客户手中。经过工作队队员的多方努力，红安经济开发区食堂也成为了他的客户。

2018 年，王昌乐的春天来了，鸡蛋、鸭蛋的市场价格上涨了一倍，王昌乐彻底打了一个翻身仗，当年收入 10 多万元。幸福也来得太突然，年过55 岁的他经人介绍，与刘素香女士喜结良缘。他做梦也没想到此生还有做新郎的机会。结婚的当天，工作队队员及村委工作人员登门道贺。不善言辞的王昌乐由衷地感叹："一是国家政策好，二是多亏有工作队、村委的帮助和鼓励，脱贫不说，我还能由原来一个人变成现在两个人过日子，日子过得比以前踏实多了，真是要感谢共产党呀！"

养殖技术和销售市场日趋成熟，王昌乐夫妇对养殖产业加大了投入，他们又承包了几亩地，种上花生等经济作物，大家都在期盼着他们的日子越过越好。

第九节 政策兜底帮扶一批

红安县坚持低保、五保供养标准动态调整，按标施保。累计投入各类救助资金 5.46 亿元，其中 2015 年投入救助资金 1.05 亿元，2016 年投入救助资金 1.47 亿元，2017 年投入救助资金 1.39 亿元，2018 年投入救助资金 1.55 亿元。截至 2018 年年底，全县共有农村低保对象 12735 户 24147 人，共有特困供养对象 5853 人。

2015 年农村低保对象每年人均补助水平达到 1390 元，农村五保对象按照集中供养每人每年为 6150 元、分散供养每人每年为 4300 元；2016 年农村低保对象每年人均补助水平达到 2100 元，五保每人每年为 6800 元；2017 年农村低保对象每年人均补助水平达到 2868 元，五保每人每年为 7330 元；2018 年农村低保对象每年人均补助水平达到 3264 元，五保每人每年为 8050 元。

全面落实残疾人"两项补贴"，困难残疾人生活补贴标准为每人每月 50 元，重度残疾人（一级、二级）护理补贴为每人每月 100 元。同时，低保家庭中残疾人还能享受生活补贴。两年来，"两项补贴"覆盖 1.6 万余人。

■ 故事：胃癌患者郑宗良：我要申请脱贫

在红安县刘世科村郑家畈村郑宗良家，他坐下来与扶贫工作人员聊天，滔滔不绝，侃侃而谈。他说："我 2015 年年底查出胃癌，动手术花费六万多，胃切除了三分之二；儿子正读大学，全家人愁得不得了。2016 年我家被纳入贫困户，党的政策不仅没让我垮下去，全家日子还越过越滋润。健康扶贫每年春秋组织体检，6000 多元的费用报销后自己只出 600 块钱；政府发的低保金 2016 年是每月 223 元，2017 年是每月 253 元，2018 年每月涨到 273 元。其他政策都在享受，共产党的政策就是好啊！"

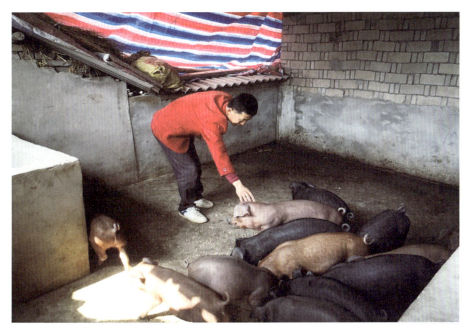

郑宗良在照看自己饲养的猪

郑宗良给扶贫工作人员讲述自己的脱贫故事

郑宗良继续说："去年我在村里讲脱贫故事。发言题目是'脱贫不忘党的恩'。我把我写的拿给你们看，写得不好，莫见笑，可我说的都是心里话啊！2018 年 12 月，孩子大学毕业了，我跟村书记说，我要主动申请退出低保，为什么？因为我家已经脱贫了啊！怎么脱贫的，我算个账给你们听：2017 年开始，我家依靠村里引进的绿色蔬菜合作社给我提供的种子技术，一年收入一两万，我还养了 3 头母猪，每年出栏 60 多头奶猪，收入 2 万多元。我爱人在蔬菜合作社打工，每年收入近 2 万元。"

村支书李明华插进来介绍说："蔬菜合作社让 58 家贫困户得到实惠，每户用 5000 元奖补扶贫资金入股分红，每户年分红 1500 元，还有土地入股分红，一年每亩 350 元。能够打工的，不管男女，一年都可以搞到 18000 元左右的收入。"

郑宗良又把话接上："2018 年下半年，孩子毕业了。我身体恢复了，还能养猪种菜，每天清早把菜送到县里菜市场去批发，一天挣个百把块钱。全家收入过日子早已不成问题，哪能还吃低保呢！"

看到郑宗良精气神十足，不像个得了大病的人，他那自强不息、信心满满的样子，他那知恩图报的语气，让在场的人都感到欣慰。

郑宗良在自家的蔬菜地里干农活

（李绍伦：《红安脱贫故事（一）》，黄冈新闻网，2019 年 4 月 22 日。）

近几年来，红安县委、县政府牢记"四个意识"，坚决落实习近平总书记关于扶贫工作的重要论述，坚持"精准脱贫不落一人"的基本方略，全面落实省委省政府、市委市政府的决策部署，把决胜脱贫攻坚作为最大政治任务和第一民生工程，紧紧围绕贫困户"两不愁三保障"脱贫标准和贫困县"三率一度"脱贫摘帽总目标、总要求，聚焦"六个精准""五个一批"，坚持以脱贫攻坚统领经济社会发展全局，以加快县域经济发展支撑脱贫攻坚，抢抓大别山试验区建设、大别山振兴发展等机遇，积极争创省级重要增长点，经济社会发展和党的建设取得新成绩。先后荣获"全国文明县城""全国文化先进县""全国法治创建先进县""全国造林绿化百佳县"和"全省县域经济发展先进单位"等80多项国家和省市级荣誉称号。坚持靶向施策、精准滴灌，全面推进产业扶贫、健康扶贫、搬迁扶贫、教育扶贫、保障扶贫，精准脱贫工作取得阶段性成效。精准脱贫工作多次得到国务院扶贫督查组的充分肯定，2016年、2017年连续两年扶贫资金绩效评价被省扶贫攻坚领导小组评为A级，贫困县（市、区）党政领导实绩考核被省委、省政府评为A等次。2017年，红安县易地扶贫搬迁在省级考核中荣获第一名。

2018年精准脱贫专
题片《让老区人民
过上好日子》

03
Chapter

他们是脱贫路上
一串动人的音符

　　三年多来，红安县坚持以精准脱贫统揽全县经济社会发展全局，贯穿经济、政治、文化、社会、生态文明"五位一体"建设各个方面，投入最大的精力、最强的人力、最多的物力，坚决打赢脱贫攻坚战，向党和人民交上了一份满意的答卷。

第一节　地道的红安原创——扶贫之歌《我最牵挂》

　　2017年元旦，习近平总书记一句"我最牵挂的还是困难群众"，给予6000万贫困户以无限的温暖，也给奋战在脱贫攻坚一线的干部以巨大的精神鼓舞。

　　红安的全体党员干部发扬红安精神，不忘初心，砥砺前行，以前所未有的高昂斗志和饱满热情投身于脱贫攻坚的战斗中，表现出决战决胜的坚定信心和勇气，涌现出了许多可歌可颂的感人事迹。

　　湖北省黄冈市作协会员、红安县扶贫攻坚办公室干部李绍伦有感于习总书记的为民情怀，激情满怀地挥笔写下一首诗《我最牵挂》，参加武汉市主办的"学习贯彻党的十九大精神诗词大赛"，并于2018年4月荣获二等奖。

　　"诗歌，发乎情而施乎艺也。"李绍伦的诗《我最牵挂》，引起众多音乐人的关注。85岁的黄冈音协原副主席、资深作曲家詹仲凯为之谱曲，湖北著名歌手、华中师范大学音乐系教师万莉演唱，由武汉王原平团队制作出单曲《我最牵挂》。

《我最牵挂》
（扶贫之歌）

我最牵挂

作者：李绍伦

您一声"我最牵挂"

好似春风吹进万户千家

暖了冬天的心窝

暖了神州大地

暖了千年华夏

云贵高原披彩霞

大别山脉吐新芽

老少边穷的脸上啊

愁云散尽

绽放出激动幸福的泪花

您一声"我最牵挂"

好似战鼓催征千军万马

暖了不老的初心

暖了雄狮步伐

暖了千年华夏

兰考田园铺锦绣

井冈红旗美如画

新时代的巨轮啊

乘风破浪

向着美好明天高歌进发

啊，感天动地一声"我最牵挂"

惊艳了日月星辰

妩媚了神奇中华

2017 年 6 月 13 日晚饭后，皎洁的月光洒落在大别山老区中国第一将军县红色大镇——七里坪镇盐店河村的文化广场上，扶贫工作总队队长姜富贵和驻村工作队队员早早地来到广场，此刻广场上坐满了父老乡亲。月光下，姜富贵正耐心地解答群众提出的各种疑难问题，会场上不时响起阵阵掌声。

盐店河村是秦基伟将军的故里，这里曾是著名的革命老区，是山区库区，也是国家重点贫困地区。在红安这片土地上，诞生了 223 位将军，是举世闻名的中国第一将军县，为革命胜利牺牲了 14 万儿女，每寸土地都浸染着烈士的鲜血。

曾经，红安人以"要革命、不要家、不要钱、不要命""图贡献、不图名、不图利"的决心，义无反顾，前赴后继，14 万英雄儿女为革命献出了宝贵生命。

山高路远、交通阻塞、土地贫瘠、地僻人稀、土砖茅屋、满目疮痍，是红安的"穷根"。

习总书记发出"精准脱贫不落一人"的号召，点燃了红安县 39424 个贫困户 110482 贫困人口脱贫致富共奔小康的梦！

2000 多名党员干部组成了一支支朴诚勇毅、不胜不休的扶贫铁军，他们像尖刀队一样分赴老区红安的各个乡村，大书特书精准脱贫，打响脱贫攻坚战，谱写了可歌可泣的动人篇章。

第二节　工作队助 11 万人稳定脱贫

2017 年年底，红安县 11 万贫困人口的命运被改写。数据见证辉煌：

1.7 万余名党员、干部包保贫困户，2084 名干部组建驻村工作队。

推出"五天四夜"驻村工作制度，干部晚上睡在村里，帮助贫困户真脱贫。

实现贫困户学生坐校车、上高中、非寄宿生生活费、上大学路费"四项费用"全免。

提前一年完成易地搬迁任务，3523 户贫困户喜迁新居，完成危房改造6627 户，基本实现农村无居住危房。

截至 2017 年年底，红安已脱贫 39321 户 110159 人，存量未脱贫 103 户323 人，各项指标均超过脱贫摘帽标准。

当时红安拿出的扶贫方案是：2016 年、2017 年两年中，共整合各类财政资金 11.46 亿元，撬动金融及社会资本 38 亿元，通过产业扶贫、健康扶贫、易地搬迁扶贫、光伏发电、危旧房改造、安全饮水、发展教育扶贫七大扶贫措施，到 2017 年年底实现 11 万贫困人口全部稳定脱贫。2018 年整合各类财政资金 6 亿元，继续加大攻坚拔寨的力量。

两年的扶贫成效，令人震惊。

截至 2017 年 12 月，全县产业扶贫人数占贫困人口的 94.5%，除五保户和无劳动能力低保户外，每户贫困户有两个以上脱贫增收产业。光伏扶贫覆盖 96 个重点贫困村 17648 户贫困户，实现贫困村集体经济年增收 4 万元、贫困户年增收 3000 元以上。兑现奖补资金 1.4 亿元，支持 1.8 万户贫困户发展种养业。

设立扶贫产业发展基金 1 亿元，重点支持发展红苕、老君眉茶、蜂蜜、红宝萝卜等特色产业。扶贫小额贷款累计发放 5 亿元，帮助 23423 户贫困户获得贷款支持，扶贫小额贷款覆盖率达 97.51%。

德青源"金鸡产业扶贫项目"顺利投产，建设华中地区加工中心，30万只青年鸡投入养殖，一期带动 3000 户稳定增收、38 个重点贫困村年均增收 4 万元。完善健康扶贫"4321"模式，推行入院不缴费、报账一站式、就诊一卡通，住院报销比例达 90%，自费金额降低到 500 元以下，重大疾病个人出资 5000 元后由政府购买商业保险补偿报销。对无支付能力的五保户及精神疾病患者，给予 100% 报销。

全县建档立卡贫困户子女从幼儿到大学生共有 7286 人，除全面落实国家普惠政策外，实现贫困户学生坐校车、上高中、非寄宿生生活费、上大学路费"四项费用"全免。政策兜底标准提高，低保保障标准由 192 元提高到 270 元，"五保"保障标准由 6800 元提高到 7300 元。发放 7402 名残疾人"两项补贴"587.6 万元。就业渠道不断拓宽，结合美丽乡村、城镇管理、生态保护等工作，统筹安排公益性岗位 3570 个，其中生态护林员岗位 570 个，人均年增收 4000 元；保洁员岗位 3000 个，人均年增收 5000—10000 元。

幸福是奋斗出来的，脱贫摘帽是实干干出来的。

2018 年 1 月，红安县接受省第三方评估验收，综合贫困发生率、错退率和漏评率均在 1% 以内，群众认可度在 95% 以上，均高于国家脱贫摘帽标准。

红安县精准脱贫"百日会战"誓师大会

一、抓住产业扶贫的牛鼻子

红安县在开展精准扶贫工作中，紧紧抓住产业扶贫的牛鼻子，掀起了产业扶贫工作新高潮。

走进红安县上新集镇石古岭村神石农业生态园，田园、山林、台阶、寺庙、村庄、游乐场、水库相互辉映，犹如一幅水墨画。据了解，神石农业生态园是返乡能人吴四军投资2000多万元打造的旅游产业扶贫示范园，通过土地流转、生态旅游、入园打工、出售农产品等方式让村民实现增收致富。

红安县引进一批特色产业，建设美丽乡村。依托资源优势，通过全面启动乡村文化"七个一"建设工程，深挖内涵潜力，主动迎合市民亲近大自然、回归原生态的消费需求，精心打造充满本土特色、乡土气息的美丽乡村。红安县城关镇李态村坚持"把农村建得更像农村"理念，让农村当舞台、农民当演员、农具当道具、农产品当商品，吸引市民下乡过田园生活，增加农民收入，年接待游客10余万人次。已形成周家墩、华缘农场、周家冲、付家坳、富地等一批引领乡村旅游发展的品牌。和乐源葡萄园为当地600余名富余劳动力提供了就业机会，村民每年在葡萄园打工收入达250万元，并带动周边36家农户种植葡萄。

实施"一镇一业""一村一品"差异化发展策略，大力推广农民合作社、家庭农场、专业大户等农业产业化经营形式，鼓励在外创业能人返乡创业、反哺家乡。近年来，七里坪镇付家坳村积极鼓励本村能人回乡创业，先后成功引进九龙寨农村经济合作社和富安生态农业产业园两个项目落户。富安生态农业产业园已累计投入资金3000余万元，流转土地5800亩，带动100多位贫困户脱贫。华家河镇吸引打工返乡女能人刘静创办了湖北半山生态养殖有限公司，靠养梅花鹿，带动200多名贫困户脱贫致富。

高桥镇夏家湾村和占店村是红安县光伏发电扶贫项目试点村，该项目由省发改委、省能源局每户给予补助2万元，自筹4000元建设，户均年发电量 3000 多千瓦时，实现经济收入 4000 余元。前期 150 户已安装完毕与电网并网发电。光伏发电扶贫项目得到广大群众尤其是贫困户的支持，两村群众都积极踊跃申请项目，力争早日脱贫致富。

家门口有了好产业，贫困户脱贫有了希望，而且还能自主创业走上脱贫之路。47 岁的二程镇光山岗村胡家湾村民韩建红，全家共有六口人，父母均已年过八旬，且都是残疾人，他本人自幼体弱多病，腰脊椎骨质增生严重变形，并且患有眼疾，不能从事重体力劳动。大女儿刚从中专学校毕业走上工作岗位，工资仅能维持她个人的生活。小女儿在二程高中读书，正是长身体、长知识的年纪。种种原因造成他家负担较重，生活一直处于贫困状态。

2016 年年初，扶贫工作队帮助他创办了翠红琳养殖合作社。村委会注入整村推进扶贫专项资金 21 万元入股合作社，让他扩大了养殖规模。目前，他承包油茶山林 130 亩、鱼塘 20 亩、田地 50 亩，新建散养鸡舍 750 平方米、牛舍 50 平方米、羊舍 50 平方米，散养土鸡存栏量 10000 只、黄牛存栏量 5 头、羊存栏量 50 只。通过一年的努力，合作社年销售收入已达到 40 万元，不仅让他家走上了脱贫致富的道路，还带动了光山岗村及周边村组的贫困户 32 户 84 人合作经营，共同发展。

"好日子是干出来的！"韩建红曾发自内心地感慨说，"教育扶贫减轻了孩子上学的经济负担，健康扶贫解决了我们看病难、看病贵的长期难题，产业扶贫给了我们脱贫致富的机会，金融扶贫给了我们资金支持。这一系列政策真正帮助我们这些困难群众得到了实惠，实现了我们老有所养、病有所医、壮有所用、幼有所学的美好愿景。"

2018 年，贫困户韩建红入围湖北省劳动模范候选人。

县委书记余学武说："韩建红人生逆转源于个人努力，更得益于党的好政策。他的成功鼓舞了士气，让老区人民对打赢脱贫攻坚战更加充满信心。"

2017 年 5 月中旬的一天，红安县城关镇梅潮村村部来了一位 62 岁的

李述千在为文化墙创作绘画

"特殊"的本土"画家"李述千，他是一名贫困户。

李述千在扶贫工作队的帮助下，开始通过市场主体带动种植蔬菜 2 亩，大棚油菜 10 亩，并主动承包 2 亩鱼塘养鱼，加上儿子在外打工，家庭总收入已经达到 34200 元，人均可支配收入 6840 元。2016 年他新建房屋 100 多平方米，扶贫政策解决了孩子上学住宿费用，家里也用上了清洁饮用水。

李述千有作山水画的绝活，在扶贫工作队的帮助下，他承包全村的文明创建"1+3"文化墙的工程，一年收入达 18000 多元。他高兴地说："我一年有这么多的收入，感谢扶贫工作队！"

二、扶贫路上党旗红

红安县委在脱贫攻坚实践中，认真贯彻习近平总书记"要把夯实农村基层党组织同脱贫攻坚有机结合起来"的重要指示精神，突出党建引领，强化责任落实，充分发挥农村基层党组织在脱贫攻坚中的战斗堡垒作用，引导全县党员干部做表率、当尖兵，充分调动了贫困群众脱贫致富的内生动力。

红安县上新集镇水口寺村，只见丰收的稻田、纵横交错的水泥公路、干净整洁的村舍、户户之间便民小道、每隔 50 米就有一盏的路灯、无数的文化长廊、宽阔的百姓舞台、1000 余平方米的文化广场、垃圾池、冲水式厕所，构成一幅幅迷人的乡村田园美景。

65 岁的贫困户韩桂珍说："我们村发生这么大的变化，要感谢红安县供销社驻村工作队的党员干部们，是他们的努力才使我们村旧貌换新颜。"

一支扶贫工作队就是一面鲜艳的红旗。"我们供销社共派出 33 名优秀共产党员组成 13 支扶贫工作队，他们日夜奋战在老区红安的大地上，他们就像一面面鲜艳的红旗一样，迎着朝阳，飘扬在老区红色大地上！"红安县供销社主任李峰自豪地说。

2017 年年初，红安县委、县政府统一部署和安排"围绕四全目标（全面进步、全面过硬、全面落实、全面满意），统筹推进精准脱贫、基层党建、美丽乡村、文明创建和平安乡村'五位一体'工作，开展万千活动（万人帮扶千人驻村）"，在全县迅速掀起精准脱贫的新高潮。

红安县供销社 13 个驻村工作队 33 名优秀扶贫干部积极响应县委、县政府的号召，驻村帮扶 11 个村，开启了一条长远的扶贫之路。

供销社驻椿树店村扶贫工作队队长熊新良老母亲病危，但他安顿好母亲后，义无反顾地来到村里开始做入户调查；驻戴世英村扶贫工作队队长吴恒刚患有高血压等慢性病，家人担心他吃不消，但他克服了重重困难，与所有工作队队员一道毅然坚守在扶贫一线；驻七里坪镇高徐家村工作队队员梅红苏每天将五保户的水缸灌满，保证五保户的生活用水。

高温酷暑，他们头顶炎炎烈日，走村串户开展大数据信息录入和核查工作。狂风暴雨中，工作队队员们蹚过膝盖高的河水，巡查贫困户危房。寒冬腊月，工作队队员们踏过白皑皑的雪，来到贫困户家中访贫问苦。

供销社驻上新集水口寺村扶贫工作队队长吴怀坤、队员李红林始终和村民一道，战贫困、修道路、建新村。2017 年在该村古家湾拆除破旧房屋 400

余间，修建了一条长 3000 米的绕村公路以及 504 户村民户户通的便民小道，修建古家湾、赵家田、田铺湾三口 5000 余方的当家塘，让百姓称赞不已。村里的空地全部种上花草，用栅栏围着，仿佛一个个小花园，户户有垃圾桶、湾湾有垃圾池及消防池，村里流转土地 300 余亩。看到这些成绩，村民们无不伸出大拇指。

254 个日日夜夜，6096 个小时，红安县供销社 33 名驻村工作队队员严格执行 "5+4" 工作法，坚守在工作岗位，从不喊一声苦，从不叫一声累。他们常说："党派我到村里挖穷根！"

三、"钉"在村里的工作队

坚持好人好马上前线。红安县抽调 1398 名干部组建 399 个驻村工作队和 12 个督查队，做到乡有督查队、村有工作队、户有帮扶人。实行 "五天

四夜"驻村工作制度，采取召开场子会、上门走访、慰问帮扶等方式，实打实地为群众办好事、解难事。群众说："当年红军的好作风又回来了。"

在红安县七里坪镇柏林寺村，有一支红安县政府办下派的"万金油"式常驻扶贫工作队，修路、盖房、种菜……他们样样都做。村民说，有了他们，村里的贫困户更有奔头了，脱贫路上走得更踏实了。

柏林寺村是红安县的重点贫困村，全村1607人中还有273人没有脱贫。

4个人的工作队，驻村7个月，就"跑"来了140多万元的资金！这不，整险、改扩建5口当家塘，还修建了10千米的便民小道，把水泥路铺到了家家户户门口。

县政府办柏林寺村扶贫工作队队长韩拥军表示，工作队队员每周五天四夜都"钉"在村里不回家，跟村民们"同吃同住同劳动"，村里在短时间内模样发生了大变化。

柏林寺村一角

驻村第一书记简华海说，他们还联系了 6 家企业，根据村里的条件，搞起了绿色种养业。大家不仅靠金融扶贫贷款入股、寄养家禽有分红，而且还能在家门口工作。

简华海指着蔬菜大棚说："我们自己也先学种植技术，平时经常过来看看，帮助他们解决实际困难，企业发展好了，打工的贫困户在家门口就有了稳定收入。"

正在蔬菜大棚里松土的 73 岁贫困户吴绍海高兴地说："我的儿子儿媳就在村附近的奶牛场打工，一年收入 4 万多元，工作队还帮忙让我孙子学技工，马上也能赚钱了。一年来，我家里发生了很大变化！"

吴绍海脸上露出幸福的笑容。他说，他在这里打工，一天有 80 元的收入，全家一年就有 5 万多元的收入，他家今年完全可以脱贫。

夜幕降临，韩拥军又要去收集大家的反馈意见了。"我们既要像钉子一样'钉'在村里，又要像绣花一样，把这个花绣好。现在时间比较紧，我们马上赶到二组去，开个场子会。"

和韩拥军一样，红安县还有 300 多支扶贫工作队像钉子一样"钉"在村里。

在红安县杏花乡马墚村春播繁忙的田间地头，在晚归休憩的农户家中，人们总能看到三个熟悉而忙碌的身影，他们风里来、雨里去，顶着烈日、冒着酷暑，不辞劳苦地走村串户做调查，挥洒着辛勤的汗水，奉献着对农民群众真挚的爱。

"院里牡丹开得红，工作队呀真个行。嘘寒问暖又串门，帮扶村里在行动。心里装着咱老百姓，人人夸奖热心人。"晚上，马墚村村民在文化广场上自编自演，歌颂驻村工作队的队长钟顺喜、副队长吴碧文和队员张国喜三位同志。

他们凭着对农村脱贫攻坚工作的无限热情，用一个共产党员的忠诚和执着，成为"五位一体"建设的忠实实践者，用真情和汗水谱写了一曲荡气回肠的敬业赞歌。

工作队队长钟顺喜驻村的第三天，家里房子因年久失修漏雨，客厅、卧室墙面留下斑斑水渍，整修工作都是在思源学校工作的老婆一人操持。当听到电话里老婆的埋怨时，钟队长耐心解释不能回去的原因，最终赢得老婆的理解和支持。

钟顺喜带领工作队队员采取发放告知单、入户讲解、召开场子会议、开展主题党日、建立微信群和 QQ 群的方式，组织学校党员和积极要求进步的青年对群众的思想状况进行了解。带领农户走村入户开展环境卫生整治，组织村干部进行环境卫生检查，挨家挨户查看农户室内、庭院和后院的环境卫生，切实改善村容村貌。采取与贫困户共进晚餐等形式，向群众详细传达精准扶贫政策，充分调动了群众参与精准脱贫工作的积极性、主动性，已经形成政府帮扶、工作队履职、群众大干的喜人局面，为马塝村的"五位一体"攻坚战提供了坚强的组织保障。

高桥镇吴家大湾村驻村工作队队长耿春元与全体村民一起脱贫攻坚，让全村 94 户贫困户 293 人全部脱贫；董家田村工作队队长吴隆朝迎难而上，勇于担当，沉下心来，不胜不休，村里面貌焕然一新；林业开发中心驻高桥镇龙王山村工作队在驻村期间，真心换真情，三年下来，贫困村脱贫摘帽，村容村貌发生了翻天覆地的变化。

县住建局城市建设勘测设计院驻石牛山村工作队驻村帮扶亮点多。加强基层党建工作，夯实村级组织基础；在产业脱贫方面引进红豆杉种植，该项目由湖北紫杉谷生态投资有限公司投资，计划总投资 5.7 亿元，已投资近 3000 万元，引进优质红豆杉树苗 52 万株，流转土地 1000 亩。该项目从长远看可带动该村乃至周边村形成致富产业持续增收，近期则可带动贫困户实现流转土地增收和就近务工增收。

政法委驻韭菜园村工作队易地搬迁工作有特色。该村高标准建设村级易地搬迁点，确保易迁户住得下、住得好。该村易迁点总投资 110 万元，计划入住 14 户贫困户，现已全部入住。

县委接待办驻曹家畈村扶贫帮扶工作队、建行红安支行驻铁山工作队、县纪委驻刘祥工作队、县委办驻建中工作队、县委宣传部驻陈河村工作队、倒在扶贫一线的村支书周春华、弃猪哥李志权……他们的扶贫故事说不完。

精准脱贫，不落一人。他们是一支铁血尖刀班，他们是一台文明播种机。他们脚印农家彰显鱼水情深，他们风雨同舟体现党群情深，他们攻坚拔寨实施乡村振兴……

老区红安脱贫路上有了扶贫工作队这样的"主心骨"，让中国第一将军县的乡村振兴更有了奔头。

■ 故事一：他用生命兑现承诺——记红安柏树岗村村支书周春华

2017 年 7 月 5 日凌晨，红安县 47 岁的村党支部书记周春华突发心脏病，永远地离开了他深爱的柏树岗村。

7 日上午，上千人为周春华送行，哭声恸天……

18 日一大早，听说记者要采访周春华的事迹，村民从田间地头自发赶到村部，要讲一讲周春华的故事。

发病当晚还在写扶贫材料 "不当村支书，就不会走这么早"

4 日晚 8 点，村部院子里，跳完广场舞的村民们陆续回家。领舞的高凤娇把音响设备拎进办公楼，发现周春华的办公室还亮着灯。"当时，他正在写贫困户精准识别'回头看'材料，很疲倦的样子，他的手一直在抖。我问他是不是不舒服，他说没事。平日里，周书记身体蛮好，我没当回事，就回家了。"高凤娇说，次日清晨得知他走了，"我不敢相信，大哭了一场。周书记是累死的。"

周春华的妻子徐方珍是县人大代表，两人育有一儿一女。她含泪回忆：4 日晚 9 点多，周春华回家后说身体不舒服，洗完澡后大汗淋漓，腹痛难忍。"我开车送他去镇医院，后转到县医院。凌晨两点多，在转诊武汉的路上，走了……""周书记要是不当村支书，就不会走这么早。"县退休干部黄国梅说，"周书记来的这几年，村子越来越美，村民越来越富，退休后，我就从县里搬回村里来住了。"

周春华家的客厅里，摆放着他生前的照片。浓黑发、圆胖脸，一脸憨笑。看着遗照，徐方珍掩面而泣："春华一生虽短，但走得踏实。领导和群众认可他，他无憾，我们也知足，人要朝前看……"

啃馒头坐硬座跑项目　3年时间后进村变领跑村

2014年冬，觅儿镇柏树岗村换届选举，"返乡能人"周春华全票当选。他承诺，任期内干成三件事：新建党群活动中心、组组通硬化的水泥路、整塘堰拆旧屋。"承诺是兑现了，人却走了。"周春华的岳父、当了37年武汉市黄陂区旋峰寺村村支书的方国庚抹泪说，"春华放着工程项目不做，执意回村当支书时，我就劝他，这个活很苦，要牺牲很多。但他对村里有感情，认准了就一根筋，我们拦不住，只能全力支持。""周书记过得苦，一分钱都舍不得为自己花，忙起来就在村部吃泡面。为了筹资修建村部，我跟着他啃冷馒头，坐硬座到陕西、山东找老乡，冲着对他的信任，几百、几千、几万的爱心款从全国各地汇过来，两年时间共筹了100多万元修建了这座花园式的党群服务中心，还附带卫生室。现在是县里的示范点，村子里最热闹的地方。"村财经治保委员黄绪青说。

"原来的村部屋顶长树，到处漏水，连会都开不了。现在的党群服务中心，有党代表工作室、多功能活动室、党员活动室、会议室、选民接待室、司法行政工作室，功能齐全。"71岁老支书周金普感慨地说，"有了活动阵地，就是不一样。如今，村里定期开展支部主题党日、民主评议党员等活动，凝聚力一下就出来了。这两年，村里没有一个上访户。"

"不到3年时间，柏树岗村从后进村变成乡镇乃至全县各项工作的领跑村。"觅儿寺镇镇长王开伟介绍，在周春华同志的带动下，村里的产业扶贫、金融扶贫各项措施推进得力，目前，村里37户贫困户有了稳定收入，今年有望整村脱贫。

75岁的老上访户长跪不起 "要是能换，我愿以命换命"

听说记者采访，75岁的老上访户阮成瑞拄着拐杖来了——"我曾天天找他，骂他，他从不发脾气。我半夜找他，他开车把我送回去，还给我钱用。我吃饭的时候找他，他吃什么，就给我吃什么。他父亲中风不能自理，他却把他父亲的低保取消了，为我争取低保……"

5日，惊闻周春华去世，阮成瑞在他灵位前长跪不起，放声恸哭："你把我的事解决了，你却走了。要是能换，就拿我的命换你的命啊……"在场者无不动容。

腰椎残疾的沈秀清挪一步停三下地找过来了，欲语泪先流——"我和老公都是残疾人，周书记每个月都要上门看我们几次。身上有钱就掏给我们，一次几百，让我们补贴家用。书记这么年轻就走了，我实在接受不了。"村妇联主任周福香接话："书记去世那天，太阳特别大，秀清让我陪她去周书记家吊唁。700多米路，她挪了半个多小时……"

隔壁村村民赶来了——"去年9月，我们村3名小孩在废弃砖瓦厂的水塘中溺水。塘水很深，泥质疏松，脚一踩，人就会陷进去。消防员也只敢坐在艇上用篙子试探，几百人的现场，没人下水。周书记闻讯后，二话没说，就带着他们村的两名党员跳下去了，从晚上10点捞到凌晨4点多，孩子的遗体打捞了上来，他也瘫软在地上了。"

…… ……

院子里，村民排起了长队，一个个地讲，尽情地说，尽情地掉泪，没人催促。从早8点到中午11点多，队伍还在延长……

（彭小萍：《他用生命兑现承诺——记红安柏树岗村村支书周春华》，《湖北日报》2017年7月2日。）

■ **故事二：为伊消得人憔悴 不信东风唤不回**

鞠躬尽瘁、死而后已是他的座右铭；危难在前、战斗不止是他的工作日常；他是"为伊消得人憔悴"的扶贫苦行僧，他是"不信东风唤不回"的社

熊本锋（右二）和工作队队员一起走访贫困户 　　　　　　　五保老人戴厚启的旧房

会主义坚定信仰者；解群众疾苦困厄，带百姓共奔小康，为人民信赖敬仰。他就是红安县人民法院扶贫工作队队长、工会副主席——熊本锋。

从部队副团职转业到县人民法院担任工会副主席的熊本锋，已在帮扶战线工作了 6 个年头。全县扶贫攻坚总号角吹响后，县人民法院党组决定再压重担，委任他担任扶贫工作队队长。从此他披星戴月、风雨无阻、跋山涉水、进村入户，精准摸排出的特困群众一经公示，就得到村民们的广泛认同。他不畏艰险、身先士卒、扶危济困，带领驻点村庄的贫困群众脱贫致富奔小康，辛勤的汗水洒满驻地的沟沟坎坎……

让贫困户易地搬迁是一场艰苦卓绝的拉锯战。熊本锋时刻牵挂着贫困群众的安危冷暖。2017 年 9 月的一天，乌云密布，眼看暴风雨即将来临。熊本锋惦记着二房湾村付家凹湾的"老顽固"——五保老人戴厚启，他的房子破旧不堪，但他迟迟不肯接受工作队和村委会让他迁往集中供养点的安排，每次将他迁到集中居住点后，他总是一声不响地跑回家。他家那破房子怎能抵御这暴风雨？再不迁走老人会有危险。熊本锋心急火燎地向老人的破屋奔去，老人果然又窝在破屋里。任凭熊本锋磨破嘴皮，老人仍固执己见。见此情形，熊本锋当机立断将老人背起，深一脚、浅一脚，踉踉跄跄赶到集中安置点。当晚的倾盆暴雨冲垮了老人的危房。幸免于难的老人感激得跪倒在熊本锋面前不停地唤着："恩人！"

正在改造中的王作良家的危房

　　勇于担当、雷厉风行是熊本锋一贯的工作作风。2018 年 5 月的一天，王家洼湾贫困户王作良反映房子要垮了。熊本锋立即到现场查看，发现他家的房子外墙全部是砖石结构，但连续十几天的连阴雨，浸透了地势低洼的土砖山墙。险情就在眼前，熊本锋当即联系工作队队员和村"两委"干部到现场办公。一边向镇党委和工作总队汇报，一边紧急安置王作良及其 80 多岁的痴呆母亲。大家迅速在危房四周拉起了警戒线，并安排村组干部轮流值班看管，禁止村民靠近，以防人员伤亡。在雇请施工人员拆除危房后，他又垫资安排施工队重建房屋。每每提及此事，王作良都感激不尽："感谢党和政府！感谢党的好干部！"

　　不惧危难险急，时时处处冲锋在前是熊本锋在部队养成的良好作风，现在他将军人作风又带到了扶贫第一线。2018 年 6 月的一个中午，熊本锋带领工作队队员和村"两委"干部在雷家洼湾治理村庄环境，打捞池塘中的白色垃圾，他不怕脏、不惧累，一马当先、连续战斗。由于水草湿滑，他跌入两米多深的池塘中，肮脏的池水不住灌入口中，让他几近窒息。一旁的干部群众合力将他救起，见他满面憔悴，手机浸水损毁，大家劝道："熊队长，您回去休息吧。"他却说:"不碍事。"稍事休息,他换上村民的衣物继续投入到环境整治中,在场的干部、群众无不动容。

驻村扶贫是党和人民交付的事业,以村务为己任、一切为了驻地发展是熊本锋的扶贫理念。他把与战友、朋友的聚会联络都变成招商引资的途径,利用丰富的人脉资源吸引客商来驻地投资兴业。2018 年 7 月,二房湾村召开第一届妇女代表大会,熊本锋自行出资,为大会提供 45 套自动伞、保温杯,妇女代表们无不感到贴心、暖心,让她们有了更大决心、更多信心为全村妇女发好声、代好言。

他与包保户结成"亲戚",帮助他们发家致富,不是亲人胜似亲人。雷启发是熊本锋的包保户,熊本锋为他量身定制了"靠山吃山、靠水吃水"的脱贫之策。熊本锋买来书籍挑灯夜读,刻苦钻研,然后为雷启发提供植树、养鸡、养鱼虾等方面的技术指导,年末又积极帮助他打开销路,使他实现了产销两旺。如今,雷启发的养殖场已初具规模,在村民中树立起了勤劳致富的典范。对此,雷启发感慨:"没有熊队长,就没有我的今天!"

扶贫是一项民生工程,扶贫路上不能遗漏任何一个身处困境的群众。他是这样说的,也是这样做的。2018 年 9 月,熊本锋在村后山林发现一名形似野人的残疾老人,他自费购置食物、衣物、药品,将老人带回村部同吃同住,为他洗澡、理发、修剪指甲,还申请为老人添置了轮椅。在熊本锋润物无声的殷殷关切下,老人终于卸下了心中的包袱,告知大家自己的真实身份。通过多方努力,工作队查找到老人远在河南商丘的亲人,老人得知后长时间泣不成声,连连向熊本锋作揖致谢。工作队将其送回阔别了 53 载的故乡与亲人团聚,该事迹被各级媒体争相宣传报道、传为佳话。

凭着对党的扶贫事业的忠诚和对人民群众的拳拳之情,熊本锋带动县人民法院 6 个扶贫工作队忘我奋斗、辛勤付出,一个个昔日的贫困村蜕变为发展快速、人心凝聚的宜居村。直到现在,熊本锋这位扶贫尖兵仍不遗余力地奋战在乡村振兴第一线,为巩固脱贫成果、建设美丽乡村默默奉献着智慧和力量。

流浪老人李超保在大家的护送下回到家中

■ 故事三：她为五保户补裤子　真心真情解民忧

记者到红安县高桥镇采访，了解到扶贫女干部给五保户补裤子的故事。

一天上午，高桥镇党委副书记、副镇长何春芳到驻点村詹家湾村五保集中点查看五保户生活情况，发现63岁的五保户詹仲华正在家中缝补裤子。

詹仲华先天驼背，老眼昏花，手脚也不灵便。

看到何春芳进门，詹仲华随口说："太好了，你来得正好，我这裤子缝补不拢。"

见此情景，何春芳当即接过老人手中的活儿，坐在他的对面，一针一线将裤子缝补好。老人开心地笑了。

第二天，何春芳回家找出几套衣服，又专程送到詹仲华家中。

何春芳为詹仲华缝补裤子

记者了解到，何春芳主管高桥镇精准脱贫与农业农村工作，深知肩上的责任重大。她一周工作六天，周末也不休息，忙碌在脱贫攻坚第一线，经常是"白天走干讲，晚上读写想"。因加班太晚太多，她曾被人误以为"下班忘记关灯"。同事们笑称她是"女汉子"。

为了加强与贫困户之间的联系，她将个人电话号码留在村里，公布上墙。无论是清早起床，还是半夜三更，只要接到贫困户的咨询电话与短信，她都会一一耐心回复。

"何春芳与贫困户联系紧密，半夜接电话从不嫌麻烦。"高桥镇主任科员童爱香告诉记者。

在"何姐"的带领下，高桥镇精准扶贫工作连续三年全县考核第一名，在2017年全市脱贫评估验收中获得第一名。

因忙于驻村扶贫工作，何春芳未能赶在母亲临终前见上最后一面，留下终生遗憾。她只能擦干泪水，以出色的扶贫成绩告慰母亲在天之灵。

淳朴的当地百姓称赞何春芳是"最美扶贫干部"。她的美，并不在于外貌、衣服和发式，关键在于她的本质、她的内心和她对群众的深厚感情。

红安县副县长鲍晨辉告诉记者，全县共有1万余名党员、干部结对包保贫困户，何春芳是其中表现优秀的一员。

（刘志勇：《首批脱贫摘帽县区启示：最硬的仗，派最能打的人》，《湖北日报》2018年9月28日。）

■ 故事四：扶贫路上的带路人

深秋时节，走进湖北省红安县杏花乡高升村，天空蓝得透亮，空气爽得怡人。万家河自北向南蜿蜒穿过全村，清清河水缓缓流淌，两岸柳绿花红，莺歌燕舞，一片生机勃勃。

在村委办公楼东边，是一个水泥铺就的近300平方米的文化广场，周围有跑步机、单双杠、乒乓球台等体育器材，南北两端各有一个篮球架，俨然是城市里的一个社区。在不远处的一个农户家里，一位个子高高、十分干练的中年人正与户主促膝交谈，爽朗的笑声不时传出来。他就是红安县经济责任审计局办公室主任邵其松，现担任杏花乡高升村驻村第一书记。

把自己变成地道的农村党员

邵其松知道，组织委派自己到高升村担任驻村第一书记，主要是为了加强村党组织建设，凝聚基层支部堡垒战斗力。驻村第一天他就将自己的组织关系转移到村党支部，作为一名党员，他积极工作、学习、缴纳党费，开展"两学一做"学习教育活动，带领村"两委"和全体党员学习《党章》和党的方针政策。他说："作为一名共产党员、军转干部（副营职），既然组织上选派我到高升村任第一书记，我就要发挥党员的先锋作用，发扬部队的优良传统作风，敢打硬仗，为高升村脱贫攻坚不遗余力，为村级发展绘就蓝图。"在驻村三年中，邵其松扎扎实实执行县委、县政府"五天四夜"的工作安排，并将其作为锤炼自身党性的抓手，以带动高升村贫困人口脱贫致富作为检验自己发挥党员先锋模范作用的标准，一个在机关工作多年的老党员变成了一个地地道道的农村党员。

伏下身子摸清底数

邵其松深深知道，带领贫困人口脱贫致富，说起来容易做起来难。他初来乍到，村情民情什么也不知道，摸清底数才是当前最重要的任务。他走遍了高升村的山山水水、村村寨寨，被晒得黑黑的，终于掌握了每户村民的基本情况、村集体有多少收入、有多少资源、有多少问题需要解决等情况，为下一步落实贫困户精准识别、制定村集体及贫困户创收脱贫规划提供了依据。

"过去别人常问，你们村是不是有很多人'高升'了，我实在不好意思回答。"湖北省红安县杏花乡高升村老支书吴成实说，当时村里 173 户 693 人，贫困人口近 1/3。

阮成告和吴长礼是高升村两家因病致贫的贫困户，邵其松通过多次走访慰问，了解了他们的实际困难，帮助他们一步步渡过难关，实现了脱贫致富。

　　几年前，阮成告一家年收入不足 5000 元，多人生病，欠下债务。阮成告已经 64 岁，妻子耳聋且常年哮喘，不能干重活，儿子因皮肤病吃含激素药物后，全身浮肿，不能从事重体力劳动，儿媳也瘦弱多病，孙子刚刚上小学三年级。

　　在邵其松的帮助下，通过精准扶贫政策对接，阮成告家采取自繁自育模式，自养意大利湖羊并与红泰羊养殖有限公司签订协议，由该公司免费提供技术指导和保底收购，年底他家湖羊存栏量达到 112 只，家庭增收 5 万元。

贫困户在《扶贫手册》上签字

　　此外，阮成告家还受益于多项精准扶贫政策。儿子被安排为本村公益性岗位护林员，2018 年获得护林员工资 4000 元；他家与村委会签订了光伏发电产业协议，已享受光伏发电分红 2000 元；还与村委会签订了种植莲藕养鱼协议，全家五口可受益 4000 元。一个曾经因病致贫的家庭，正一步步走出困境。

三组万家河湾老党员吴长礼已经 71 岁了，中年时右腿落下残疾；妻子 69 岁，四年前得了直肠癌，长期靠药物维持，不能劳动；女儿是他家的主要劳动力、顶梁柱；外孙 9 岁，患耳聋，属于一级残疾，虽然是这样，但他家一直坚持给孩子治疗；女婿（上门女婿）长年在外打工。这个五口之家生活非常困难。

政府精准扶贫政策在吴长礼家也发挥了实效。在邵其松的帮助下，通过精准扶贫各项政策对接之后，吴长礼与红泰羊养殖有限公司签订养羊寄养协议，连续两年分红增收 3000 元；通过小额信贷、公益性岗位护林员等增收 8000 元；与村里签订光伏扶贫协议，享受政策补贴 2000 元；与村里签订种植莲藕养鱼协议，按家庭每人每年 800 元受益，享受政策补贴 4000 元；住院报销 18.6 万元，降低了就医费用成本；通过旧房改造，享受政策建房补贴 3 万元；除此之外，妻子、外孙还享受低保金、教育扶贫 (助残疾儿)、社会扶贫等扶贫资金，年增 64300 元。

邵其松多次与残联部门联系，为他们争取助残资金，现在吴长礼的外孙装上了人工耳蜗，听力逐渐得到了恢复，慢慢能开口说话了。

依托产业斩断贫困代际传递

邵其松认为，致贫虽然有各种各样的原因，但是归根结底还是因为农户没有牢靠的经济收入，无法应对生活中发生的各种问题。因此，发展产业才是带动贫困户脱贫致富的根本，精准脱贫，产业先行。在壮大村级集体经济的问题上，他同村"两委"进行了广泛的走访座谈，最后决定充分发挥本村山林资源优势。经多方争取筹措项目资金，兴建起了 560 亩油茶基地。针对高升村 64 户贫困户的情况，他与村"两委"结合本村地域优势进行分析，引进红泰羊养殖公司湖羊养殖项目，成立养羊专业合作社，鼓励贫困户依靠养羊脱贫致富。目前该合作社养羊扶贫 33 户，每户每年可分红 3000 元。有两户贫困户自养，已享受政策补贴 1.5 万元。该村有 11 户贫困户每户享受小额贷款分红 4000 元，另有 40 户贫困户享受光伏发电扶贫政策，每户每年可获得 3500 元收入。另外，河仁慈善基金帮扶投入 100 万新建莲藕、养鱼项目，村委会与 40 户贫困户已签订种植莲藕、养鱼协议，依据家庭人口，年终受益分红。村集体经济收入仅在 2017 年就达到 21.8 万元。

改善基础设施营造美好生活环境

为改善高升村交通、卫生等基础设施条件，邵其松多次与相关部门联系，争取项目资金。到目前为止，已硬化通组公路 2.5 千米，新建垃圾池 7 个、新建公厕 6 所、安装路灯 47 盏、新修便民小道 4300 米、整治河道 350 米。依托"厕所革命"项目，给村里农户改建冲水式厕所 140 个，兴建稻场 800 平方米，新修当家塘 8 口。

在万家河湾、秦受四湾召开场子会的时候，邵其松发现部分湾组的饮水安全不达标，入户饮水存在水量不足、水质浑浊的问题。他迅速与县水利部门取得联系，在精准扶贫项目资金的支持下，整合该村个体老板的捐赠资金，彻底解决了高升村的安全饮水问题。

为提升村民的文明意识，高升村进行了"十星级文明户"评比。还加强村级图书馆、健身体育场地的建设力度，丰富了村民的文化生活。治理脏、乱、差，洁净乡村，使村容村貌焕然一新。

真心为民赢得群众爱戴

张若明家是邵其松包保的贫困户，家中 4 口人，小儿子患先天性心脏病。去年 12 月，邵其松积极联系武汉市中心医院，成功为张若明的小儿子做了心脏手术。3.3 万元医疗费全部由政府医疗救助政策兜底解决，减轻了他的经济负担。邵其松还经常到张若明家了解情况，鼓励他重拾生活信心。

2017 年夏季，红安县连降暴雨。邵其松心中十分挂念村里的危房贫困户和五保户，放弃双休日休息，冒着倾盆大雨带领村干部和工作队队员逐户查看，对居住环境不安全的贫困户进行了妥善安置。事后，结合红安县相关政策，按照程序对居住不安全的贫困户或是进行危房改造，或是实行易地扶贫搬迁，彻底解决了村民居住安全的隐患问题。节假日，他和工作队队员们还会自筹经费看望慰问五保户，给他们带去关怀与温暖。

将近 3 年两个月的点点滴滴，老百姓看在眼里，赞在心里。不知不觉中，邵其松与群众的距离拉近了。驻村工作队被群众真心接受，村里的"第一书记"也成了困难群众的贴心人。

邵其松的工作也得到了组织上的认可。2016 年至 2018 年，邵其松连续三年被市、县评为优秀驻村第一书记，2018 年 9 月被黄冈市评选为爱岗敬业道德模范，2019 年 5 月，接受湖北新闻电视台专访报道，《扶贫路上》系列专题片介绍了他的事迹；他的扶贫事迹还被审计署官网、《财经周刊》、《审计月刊》、《黄冈日报》、《黄冈党建》等媒体网站报道；他在驻村期间坚持每天记录的"扶贫工作日志"后来被国务院扶贫办选中，目前陈放在国务院扶贫博物馆。

邵其松为贫困户送温暖（一）

邵其松为贫困户送温暖（二）

■ 故事五：鱼渔同授　成就乡亲致富梦

"感谢你们中国石化驻村工作队，每次回来，发现村里都不一样啊！"清明节期间，在外务工回家扫墓的张剑波在村口遇到驻村工作队的同志，热情地打着招呼。

大别山深处的张石河村，地处红安县七里坪镇西南方，是国家级重点贫困村。2015 年 10 月，中国石化销售股份有限公司华中分公司（下称中国石化）驻村工作队开始进驻这个贫困村庄，3 年多的时间里，驻村工作队队员吃住在村，和乡亲们打成一片，以脱贫攻坚为统领，抓党建、兴产业、建基础、谋发展，用一颗真心实现了村出列户脱贫目标，受到了村民的称赞和肯定。

张石河村健身场地一角

2018 年 10 月 21 日，中央第二巡视组在检查完贫困户张方钊家的各项工作后，巡视组组长望着蹦蹦跳跳跑进来的小女孩，指着工作队队长陈湘说："你认识他吗？"张方钊的孙女、七岁的张迎立刻脱口而出："认识，他是陈爷爷，他经常来我家呢！""上小学的孩子都认识你，说明你们走村入户很到位啊！"这是十九届中央脱贫攻坚专项巡视组第二组到红安县七里坪镇张石河村张方钊家里检查各项工作后给予的评价。

　　把乡亲当亲人，走村入户成了驻村工作队队员们的习惯。2018 年 4 月，工作队在走访贫困户途中，看到张尤典正在上高二的女儿张婷在家门口煎中药，立即停下脚步，询问她怎么没有上学。她爸妈告诉工作队队员，张婷因病休学了。工作队队员立即和村委张明权联系，把张婷生病休学的情况上传至中国社会扶贫网。同时，协调公司职能处室组织捐款，不到一个星期，张婷治病的钱就筹齐了。现在，她又高高兴兴去上学了。

　　简单送钱捐物，只能解决一时之需。兴建带动能力强、贫困户参与度高的产业，才是脱贫致富管长远的路子。

　　张石河村支部书记黄焱坤逢人就念叨："从 2015 年开始，中国石化驻村工作队真是为村里脱贫操碎了心，他们经过多次调研，为村里未来五年制定了一个发展规划——种梨。"

　　黄书记曾经向外地来取经的人介绍：不要小看这小小的一棵果树苗，这棵果树苗学名叫翠冠梨，那可是中国石化花了 5 万块钱的专利使用费从湖北省农科院果树研究所引进的。这个果树园基地面积一共是 10 亩，下面埋的是有机肥，投资规模达到了 20 万元以上，预计 3 年以后挂果，挂果以后果园的收入可以达到每年 5 万元以上，加上还可以套种红薯、花生，收益相当可观。通过兴产业，以前村集体收入为零的空壳村逐渐变得富裕起来。在让村"两委"忙起来的同时，工作队还想方设法让村里有能力的贫困户们"动起来"。

　　3 年时间，工作队捐赠

工作队队员在梨园基地查看果苗的长势情况

和引进投资约 200 万元,为村里兴建了制衣厂解决留守妇女就业;建设了油茶、莲米和翠冠梨等特色产业基地带动全村 72 户乡亲共同发展,占驻点村所有贫困户的 76%,使约 70 户农户坐收土地流转费。

激发贫困户内生动力,破除贫困心理,引导贫困户"愿脱贫"。把"思想扶贫"同精神脱贫、物质脱贫、技术脱贫融合起来,"授之以渔"。3 年多以来,共计培训村干部、制衣工人、种植技术员等 200 余人次,涌现了自主养鱼专业户张先国、果园承包者张基志、莲米种植户张友权等一批自主创业好典型。

靠着养鱼养虾和做豆腐等劳动过上好日子的张先国,是村里有名的自主脱贫致富的典型。2015 年,他患直肠癌,沉重的医疗负担掏空了家里的积蓄,让他成了贫困户。健康扶贫政策的出台,让张先国的病得到了治疗。然而,令人叹息的是,病魔让张先国失去了生活的斗志,治疗后恢复劳动能力的他却依然无所事事,意志十分消沉。

回想起过去的情景,他总是说:"那个时候我觉得生活真是没有什么希望,人也很消沉。后来,中国石化驻村工作队的陈队长经常到我家里来,跟我聊天、谈心,总是鼓励我:你既有手艺又会做事,千万不能这样消沉下去,只要你愿意做事,我就帮你想办法。他的话,真是给了我好大的触动。"

果园承包者张基志和父亲在果园劳作

工作队多次上门和张先国交心谈心，确实感动了他。他想养殖，工作队就做担保，让他拿到了 5 万元小额贷款作为启动资金，并为他买书籍、找市场，提供技术指导。一次次的帮助和交流，增强了张先国做事的干劲，不仅使他在物质上脱了贫，更重要的是还让他改变了对生活的态度，让他重燃对生活的希望。

现在的张先国拥有 7 口鱼塘虾塘、一个豆腐作坊，年收入好几万，身体健康，精神状态也很好。他见到工作队队员就说："我现在心态变了，生活也变了，这确实要感谢你们，大好人、大恩人啊，让我全家的生活发生了翻天覆地的变化！"

在张先国致富典型的带动下，村里贫困户自主创业、自我发展的氛围逐渐形成，种植莲米、油茶、野菊花以及中药材发展特色产业的贫困户已达 20 多户。

工作队队员为张先国送去养殖技术的资料

四、"当年红军的好作风又回来了"

杏花乡马堺村工作队队长钟顺喜，听说贫困户房屋半夜着火，他第一个到现场扑救；贫困户周代合妻子大病住院，他不仅去看望还动员单位同事捐款；村里水库维修、安路灯、建产业等，事无巨细他全程都参与，用钉钉子的精神，抓真抓实。县委书记余学武说："扶贫工作队队员与群众同吃同住同劳动，像尖兵战斗在一线，对脱贫攻坚的胜利起到了关键性的带头作用！"

自 2015 年以来，红安县委、县政府把脱贫攻坚作为最大的政治任务和第一民生工程，确保小康路上不落一人。组织 9724 名党员干部包保 39426 户贫困户，抽调 1398 名优秀干部组建 399 个驻村工作队和 12 个督查队，做到乡有督查队、村有工作队、户有帮扶人。实行专业化培训、制度化管理、常态化督查、人性化关爱，全面落实驻村"五天四夜"工作制度，工作队队员每周在驻点村工作 5 个白天，住 4 个晚上，当好脱贫攻坚战斗员、基层党建指导员、美丽乡村建管员、乡风文明宣传员、矛盾纠纷调解员。采取召开场子会、上门走访、共进晚餐、慰问帮扶等办法，实打实地为群众办好事、解难事。

"当年红军的好作风又回来了。"据不完全统计，3 年来，红安县驻村干部化解各种矛盾纠纷 1872 个，为贫困户解决实际问题 6883 个。2017 年全县信访量同比下降超过 30%。扶贫干部与群众共坐一条板凳、同吃一锅饭，用真心真情赢得了群众的好评。

■ 故事六：真心换真情

"一见到你们，我就感到亲切、感到高兴、感到心情舒畅。"贫困户张友伢满面笑容地对驻村工作队周队长说。

跟两年前相比，张友伢简直判若两人。

红安县林业开发中心驻高桥龙王山村工作队刚进驻村子时，就在村委干部的带领下，来到张友伢家走访。据村专干介绍，张友伢丈夫张荣忠退伍后回家务农，闲时做点小生意。他勤劳朴实、为人和善，一家人生活虽不富裕，但也过得和和美美。2009年腊月二十四，不幸突然降临到这个幸福的家庭，一场意外的车祸让张荣忠落下终身残疾，从此生活不能自理，不仅欠债20余万元，每年还得花费不少医药费。顶梁柱倒了，养家、护理的重担一下子压在已年近六旬的张友伢身上。

说话之间，张友伢从地里劳作回来了，朴素的衣服上沾满泥土，肩上扛着一把锄头，手上提着一个竹篮，汗水使几缕头发搭在额头上。听说工作队有人来访，她连忙放下锄头和竹篮，来不及洗把脸，就去张罗着泡茶水，一看就知道是一个坚强、能干的女人。

看着坐在轮椅上流着口水傻笑的丈夫，张友伢满面愁容。也许是磨难太多，也许是压力太大，也许是看不到希望，开口就是声声叹息，常常欲言又止，不愿多说。

贫困户是一个特殊的群体，他们因特殊的原因而贫困，且常常因贫困而自卑，因自卑而丧志，只有融入他们的生活，走进他们的心里，让他们树立生活的信心、看到前途和希望、具有战胜困难的决心，才能达到真正意义上的脱贫。

工作队队员到张荣忠家走访

工作队队员为张荣忠讲解扶贫政策

面对张友伢的现状，周队长决定用真心换真情，打开扶贫之门。

首先是在心理上进行疏导。方法便是倾听，认真听贫困户的倾诉是扶贫工作队队员的一项基本素质。工作队队员常常利用晚上的空闲时间或下雨天到张友伢家，听她拉家常、听她唠叨、听她倾诉生活中的酸甜苦辣，与她同喜同悲。通过倾听，了解她的处境、打开她的心扉，可以知道她所思所想、所忧所虑、所期所盼，同时也可以进行疏导、解开她的心结、树立她战胜困难的决心。

其次是生活上的关心。长期坐轮椅会导致肌肉萎缩，加重病情。当工作队得知张荣忠能扶着墙行走时，迅速去买了一副拐杖送到他家中，鼓励他勇敢地站起来扶拐走路，这样既利于病情又可出门看看，还能让心情舒畅些。炎热的夏天，工作队又给他们送去皮蛋和绿豆……

工作队队员为张荣忠送拐杖

再次是生产上的帮助。张友伢既要照顾生活不能自理的丈夫，又要到地里干活，常常忙不过来。一次，工作队在走访的时候，得知她家花生没扯，就和村"两委"党员一起去帮她把地里的花生全部扯了。骄阳似火，看到原来在县城上班没干过农活的工作队队员个个汗流浃背，一身泥土，张友伢感动了，不停地说："谢谢你们，谢谢你们，以后再不怕下雨后花生发芽了。"

最后是精准施策。针对张友伢家的特殊情况，工作队对症下药，精准施策。健康扶贫解决了张荣忠看病的费用，光伏发电产业扶贫增加了收入，特地给她安排了公益性岗位——保洁员，让她有了固定的收入，张友伢一家的生活有了保障。

工作队队员帮张友伢扯花生　　　　　　　工作队队员带领张友伢一起做村庄保洁

精诚所至，金石为开。一次在和工作队队员谈心时，张友伢听着听着，流泪了，由抽泣到后来号啕大哭，平时压抑的情感抑制不住喷薄而出，十年的艰辛、十年的付出、十年的无奈和委屈何其困难？这一哭，既是情感的发泄，也是对扶贫工作队的高度信任；这一哭，张友伢如释重负。她对周队长说："你说的每句话都说到我心里了，感谢你们的理解，感谢你们的帮忙，我心情舒畅多了。"

张友伢夫妇给工作队送锦旗

通过一系列的帮扶，张友伢现在已真正从心理上、生活上脱贫了，从原来的满面愁容、声声叹息到现在的满面笑容、精神焕发，同时也和驻村工作队建立了深厚的感情，隔三岔五就给工作队送去自己种的蔬菜、红苕、花生，还有土鸡蛋，还特地从武汉定制了一面锦旗亲自送给工作队。

工作队察民情、听民声，扎根龙王山村为民干实事，想群众之所想、解群众之所难，把工作做到了群众的心坎上，在群众之间架起了一座连心桥。龙王山村三组的戴启华有感而发，为驻村工作队队员写了一首诗：

自从攻坚进了村，周队三人很认真。

深入人心到各组，明察暗访穷根有。

结合村干共商量，攻坚克难不平常。

功夫不负有责人，我村面貌脱了贫。

原先土路似菱角，石头尖尖总钉脚。

此路天天都要走，一不小心把脚扭。

如今大道湾湾有，大胆放心往前走。

组组夜间亮了灯，强盗不敢起贼心。

家家不走泥巴路，国家出钱来搞就。

卫生条件不用说，湾湾修了男女厕。

办公大楼平地起，说党不行无道理。

十九大精神贯人心，人人都知感党恩。

功劳事迹难得表，个个都说他们好。

水平有限写不完，肺腑之言表不全。

高桥镇龙王山村三组戴启华

■ 故事七：高波——平凡岗位演绎非凡人生

他是心系贫困学子的资助人，是甘于奉献的爱心人，在扶贫济困的道路上跋涉前行，他是红安县教育局学生资助中心书记——高波。

2017 年，红安县第一中学毕业生汪俊威以 642 分高分考取了浙江大学，然而靠父母打铁的微薄收入实在难以支撑他完成学业，就在汪俊威父母一筹莫展之际，高波联系到了湖北经视著名爱心主持人谈笑。8 月 15 日，谈笑爱心基金给汪俊威家送来了 5000 元资助金。

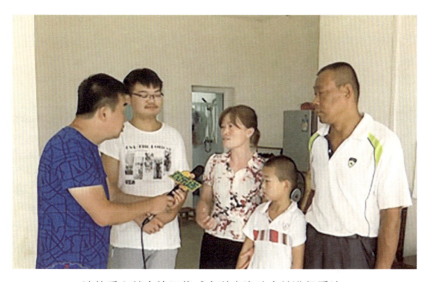

谈笑爱心基金给汪俊威家送来资助金并进行采访

汪俊威父亲说："我家两个孩子读书，正在为学费发愁的时候，县资助中心的高主任知道我家这样的情况，帮我联系爱心团体，共资助我们16000元。"

不让一个学生因贫辍学，是高波一直以来最大的愿望。2016年高考之际，七里坪镇柳林河村高中生张承旭的父亲患尿毒症去世，母亲谢孝华面对近50万元的医疗债务多次想轻生。为了继续供张承旭读大学，谢孝华抱着最后的希望找到高波。高波当即决定首先为他们提供免息贷款，并联系爱心企业家罗福星为他们提供资助。谢孝华说："我和高主任素不相识，在我最困难的时候，是高主任一次又一次地帮助了我，使我的家庭有了希望。我打心眼儿里感激高主任，是高主任救了我的这个家。"

精准扶贫，教育先行。2012年，高波接任学生资助中心主任后，为了做好贫困学生资助工作，首先在县城中心地带设立服务大厅，一改过去坐等贫困生上门的惯例，实行"开门资助、全覆盖资助、零距离资助"，开展全县贫困生调查，建立贫困生数据库，避免少数"冒领"资助贷款的行为发生，规避人情放贷，同时减少审批手续，简化申报流程，提高工作效率。每年高考新生放贷时，学生只要持身份证，到资助中心贫困学生库进行比对，核查证实后，即可办理贷款业务。

优化资助程序的同时，高波还努力争取社会资助。经过他牵线搭桥，中国扶贫基金会、中国友协彩虹桥工程、湖北经视谈笑爱心基金、闽南商会、

高波走访张承旭家与其母亲交谈

红安县生源地信用助学贷款办理大厅

红安武汉商会、湖北红安惠农公益基金会、惠芳助学基金会、张培刚爱心助学基金、东风公司鸿泰"润计划"、济南军区善后工作办扶贫基金等都向红安贫困学子伸出了援助之手。

在他的多方奔走下，资助红安县贫困学子的爱心企业越来越多。高波又提出"多个龙头进水，一个龙头放水"的资助模式，不仅得到了省级资助部门表彰，经验更是在全国资助工作会议上得到推广。2017年8月，在他的倡议下，红安县教育局成立了弘学爱心基金会，高波多方奔走，募集资金达2000万元。通过爱心基金会的形式，将社会爱心资金汇集起来，用到最需要的人身上。

红安惠农公益基金会理事长刘兴旺说："在资助过程中，我们与高主任接触比较多，我感觉高主任非常热衷于公益事业，做事非常细心也很热心，为红安贫困学生积极想办法筹措资金，不让一个贫困学生辍学。在高主任的引导下，我们开展了一个红安艺术类贫困学生资助项目，从2016年至今，我们已经资助了150余名贫困大学生。"

5年间，红安县学生资助中心共组织社会捐赠近百次，募捐资金500多万元，救助贫困学生1000余人。

红安县弘学爱心基金会成立并募集资金2000万元

2017年3月，全省教育精准扶贫现场会在红安召开，"红安模式"在黄冈各县市推广。2015年8月，高波兼任教育精准扶贫办公室主任，他创新举措、巧借东风，把"治穷先治愚，扶贫先扶志"的大目标做细做实，把教育扶贫，共奔小康的工作做得风生水起。

要想脱贫快，必须全覆盖；要想脱贫真，治穷要治根。立足大扶贫，教育要先行的理念，教育局党组决定，用一个多月的时间，全县教育系统的干部、全体教师对建档立卡贫困户进行详细入户调查，重新建档立卡，真正做到"精准扶贫，不落一人"。确保教育扶贫工作全面覆盖每一所薄弱学校、每一名贫困学生和每一个建档立卡贫困家庭。实施"精准识别学生扶助全覆盖，校车服务全覆盖，教育资源共享全覆盖"，充分发挥教育系统人、财、物和知识技能优势，针对存在的薄弱环节和弱势群体，创新帮扶形式，整合各类资金投入8.5亿元，实施家庭贫困学生资助工程、特殊群体学生关怀工程、农村薄弱学校办学条件改善工程、农村学校教育信息化工程、城乡学校结对扶贫工程、农村教师配优工程、青年教师成长工程、校车安全服务工程。让精准扶贫的东风吹进每一所落后的学校、每一户贫困的家庭、每一名贫困学生的心中。

周瑶是红安大赵家高中高三（1）班学生，与爷爷奶奶相依为命，尽管生活十分贫苦，周瑶却乐观对待生活，在校期间刻苦学习。

高波到贫困学子周瑶家走访

周瑶说："我是一名孤儿，尽管我的生活非常贫困，但是我心里却感觉到很温暖，因为从小到大我都享受到了国家助学金，还有一些免学费的政策，得到了县资助中心高主任联系的一些社会爱心人士的帮助，高主任还经常来我家看望我，鼓励我好好学习，放下压力，他说一定会帮我圆上大学梦。"

走进县教育局"教育扶贫作战室"，一幅"教育精准扶贫作战图"展现在眼前：27 所需要帮扶的学校各插着一面红旗，600 多户贫困家庭有精准结对帮扶单位，7000 余名贫困学生有精准结对帮扶人。

一分耕耘一分收获。高波在助学道路上留下了一串串闪光的足迹。高波在做好本职工作的同时，还兼任县政协爱心协会秘书长，高波积极参与公益事业，为贫困学生奔走，先后获得了"全国百佳资助先进个人""优秀共产党员"等荣誉称号。2018 年 9 月，高波被聘为湖北省教育扶贫督查专员，参与了全省 2018 年脱贫县的交叉督查。

■ 故事八：三尺小路连民心　数盏明灯亮乡村

水泥垫层，彩色步砖。踩在门前的便民小道上，红安县城关镇建中村新田铺湾 77 岁农民吴隆发感觉特踏实。"再也不怕走着走着就摔跤了。"吴隆发开心地笑着，与《湖北日报》全媒记者一起拉家常。

在红安，这便民小道叫"三尺小路"，连通农村的村主路与各家各户门口。

但凡修路，多以千米计。而这"三尺小路"，却以米计。10 米、20米……千家万户累加，去年以来全县建成农村便民小道 1800 千米，基本实现全覆盖。

"小道"背后有故事。2017 年初，红安县开展"万人帮扶、千人驻村"活动，驻村工作队在调研中发现，不少农民对日常出行"第一米路"问题意见较大：水泥路通到了村，可从家门口到村口还是泥泞小路，晚上出门"黑灯瞎火"。

过去，习以为常。现在，群众开始追求更多的幸福感、获得感。

县委、县政府决定在全县各乡村开展便民小道和路灯建设，采取以奖代补的办法，推行"2+N"模式（便民小道、路灯＋其他）建设美丽乡村，把便民小道从村主路连接到每家每户。

"小道"建设有门道。黄冈市委常委、红安县委书记余学武到联系点暗访发现，村里按"常规"把便民小道建设包给建筑队，"干部带着师傅干，群众坐在边上看"。本是利民大好事，很多农民却不买账，还为了路宽路窄问题闹矛盾。

县委再次研究决定，政府定政策：全县统一按 1.2 米宽设计，统一标准，以奖代补；村支部唱主角，广泛发动群众；群众为主体，有钱出钱、有力出力，就地取材，花小钱办大事。

大家的事大家办，一池春水被激活。八里湾镇石门桥村向在外成功人士发出倡议书，呼吁"通过投资、帮扶、认捐、认建等形式，积极投身美丽乡村建设"。上岔垸卢琼芳婆婆说，在深圳打工的两个儿子听说后很兴奋，一起捐了 5000 多元。

据红安县新农村建设办公室统计，全县整合 1 亿元专项资金，撬动社会资本、群众投劳 1 亿多元，建成便民小道 1800 千米，安装村组路灯 3 万多盏。

5 月 18 日上午 10 时 30 分，城关镇曹家畈村程家田湾下起暴雨。记者与村支书阮伟，沿着程家田湾各家各户门前的水泥路走了一圈，十几分钟下来，皮鞋没沾一点泥。

难怪当地群众说："三尺小路连民心，数盏明灯亮乡村。"

（周志兵：《红安建好农民家门口的"三尺小路"》，《湖北日报》2018 年 5 月 23 日。）

五、生活变化天翻地覆

3 年过去，老区红安县的变化天翻地覆。

52 岁的华家河镇祝楼村村民周敬堂清晰地记得，2017 年 11 月 20 日，全家搬进城关镇竹林村时，站在新居门前迎接他们的不是别人，而是周兴志，县农业局驻祝楼村的五名扶贫队员之一。

竹林村是红安县 966 户建档立卡户易地扶贫搬迁安置的综合性大社区。966 套住宅中 50 平方米户型的有 240 套、75 平方米户型的有 288 套、100 平方米户型的有 293 套、125 平方米户型的有 145 套。公共配套用房建筑面积共 6239 平方米，包括社区服务用房、商业网点、配电房等。

白墙青瓦，一排排结合民族风情和现代风格的居民楼紧邻沿河公路，交通便捷、依山傍水、风景优美。在每一户居室内，都配置了简易家具、家电和简单装饰。

"我家（原来的房子）就在那座山后面的半山腰上。"手指着远方云雾缭绕的金牛山，周敬堂说道。4 月 10 日，是周敬堂一家人从华家河镇的偏远山区迁出的第 151 天。在此之前，一家人在深山里面已经住了几十年，因为交通不畅，几年才进一次县城。

告别了家里的一亩三分地，周敬堂一点也不觉得可惜。因为他现在的收入是以前的很多倍。"在家种花生，一年到头只存得下 1000 块，现在一个月就能挣够以前一年的。"

周敬堂掰着手指算：扶贫工作队帮助介绍他到县新型产业园打工，每月供吃管喝还拿 3000 余元的工资。老伴身体不好，长年有病，去年享受健康扶贫政策去黄冈市精神病医院住院 3 个多月，一分钱也没花，病好了一大半。每次提起治病，周敬堂的老伴都赞不绝口："是扶贫工作队让我免费治好了病。"

"以前做梦都想搬出来，但实在太难了，挣的钱只能勉强养家糊口，哪里还能想别的。"周敬堂的老伴童玉娣对曾经穷困的生活还记忆犹新。但现在，她环顾新居笑得合不拢嘴。至于年底目标，周敬堂的计划是攒上10000 元。

80 多岁的尚开恩是八里湾镇八里湾村的一位五保老人，他被集中安置到村里新建的房子后，每天过得有滋有味。2019 年 3 月 19 日下午，听说驻村工作队要在村部召开贫困户对接会，让贫困户谈谈 2018 年脱贫后的打算，询问一下贫困户一年享受了哪些政策，还有哪些政策没有落实到位。尚开恩一口气说出了他享受到的扶贫政策："我一是享受了独生子女政策，二是享受了 60 岁至 80 岁的养老金，三是精准脱贫让我享受到了光伏发电、养殖业的分红，四是我现在每个月有 516 元的低保金，五是国家让我免费用电用水……我现在是老有所养、老有所依，过上了幸福的日子……"老人边说边流出了幸福的泪水。扶贫工作队的到来，使周敬堂、尚开恩等 11 万多红安县贫困户得以搬出深山老林，实现了安居乐业。

据悉，红安县提前一年完成易地扶贫搬迁任务，3464 户贫困户喜迁新居；还出台了县级危旧房改建政策，整合资金 1.2 亿元，2018 年完成危旧房改造 6627 户，基本实现农村无居住危房。

第三节　贫困不除　愧对革命先烈

两年多来，"将军县"红安以"贫困不除愧对先烈，群众不富寝食难安"的历史使命感，举全县之力，用非常之法，在脱贫攻坚战场上奋勇争胜。一支支扶贫工作队用真情演绎着为民情怀，一个个共产党员用行动诠释着使命担当，一名名干部展示着"舍小家、为大家"的奉献精神。

红安作为全省首批脱贫摘帽县，扶贫工作没有复制模板，没有现成体系，只能不断在摸索中创新，在创新中实践。几年来，全县一周一例会、隔周一专题会、一月一常委会、两月一推进会，每次会前有调研、有分工、有准备、有任务。县扶贫攻坚办作为县委县政府的参谋、协调、统筹部门，工作人员在脱贫攻坚战场上早出晚归已习以为常，加班加点是家常便饭，大家争分夺秒与时间赛跑、风雨无阻与天气抗衡。3 年来，全县共召开各级各类、大大小小的扶贫会议 300 多次，形成各种会议纪要 200 多个，完稿的扶贫文件、通报等有 100 多种，化解处理来人来访、信访件上千起。仅 2017 年省委巡视整理送达的资料就达 100 本。可以毫不夸张地说，这 3 年扶贫办的工作量远远超过以前 10 年的。

扶贫干部的事迹体现出扶贫人的责任担当。红安的脱贫任务重、时间紧、标准高，全县扶贫干部认真履职履责，有的乡镇分管领导经常半夜接到电话去协调工作，有的扶贫办主任一个人挑起几个人的重担，有的村干部倒在了扶贫工作岗位上，有的扶贫干部带病坚持工作。县攻坚办、扶贫办的干部，不管是抽调的、借用的，还是临时的，都能坚守在第一线。有的领导两次腰椎病复发住院后几天就提前上班，有的做完心脏搭桥手术三天后就上班，有的多次痛风复发坚持上班，有的带着儿子加班到快天亮，有的经常深夜回家吵醒了家人，有的无暇顾及父母住院、儿子的家长会……

县扶贫办综合科科长罗红卫曾先后在乡镇、县直部门工作，近几年投入到扶贫工作中，他风里来、雨里去、雪中行、夜里熬、半夜跑、深夜归，写的材料一堆又一堆，在扶贫一线默默奉献着，为扶贫工作的付出大家有目共睹，诠释了一名共产党员的责任与担当。

扶贫成绩的取得带给红安扶贫人丰收的喜悦。三年扶贫路，带着光荣和真情；三年脱贫路，充满激情和希望。三年的扶贫使红安扶贫人学会了坚强、得到了锻炼、提升了素质。贫困群众收入有门路、上学有帮助、住房有保障、住院有报销，红安扶贫人感到欣慰。全县的健康扶贫、产业扶贫、教育扶贫、金融扶贫、党建扶贫等方面的经验，多次在外做介绍分享，驻村帮扶工作经验在全国进行交流，多个现场会在红安召开，多个新闻媒体宣传红安，多个部门关注红安，多个县市学习红安。他们为红安的扶贫作出了应有的贡献，感到有收获、有意义、有成就。2016年扶贫资金绩效被省里评为A级，党政领导班子精准扶贫实绩考核被省委评为A等次。2018年成功宣布退出了贫困县序列，大家为扶贫工作取得的可喜成绩感到高兴！深感为扶贫事业所做的付出，值！这些成绩属于无私奉献、顾全大局的广大党员干部，属于不胜不休、顽强拼搏的红安人民。

截至2017年年底，红安已脱贫39321户共110159人，存量未脱贫103户共323人，各项指标均超过脱贫摘帽标准。2018年年初，按照国家和湖北省制定的贫困县退出标准，经县级申请、市级初审、省级核查和湖北省扶贫攻坚领导小组同意，红安县符合贫困县退出标准，拟退出贫困县序列。2018年6月，红安县接受国家脱贫评估验收，最终公布的结果为综合贫困发生率0.11%（国家标准不高于2%）、漏评率0.07%（国家标准不高于2%）、错退率0（国家标准不高于2%）、认可度95.94%（国家标准不低于90%），所有指标均达到贫困县退出的国家标准。2018年8月7日，湖北省政府宣布红安县退出贫困县序列。

作为湖北省第一批脱贫摘帽的红安县，在精准扶贫、精准脱贫的路上是如何做到众志成城、不胜不休的呢？下面我们来解密一下。

一、提高政治站位

红安县以"四个意识"的强烈政治自觉，对标、调校、看齐、赶趟，通过加强党的领导把全县各级党组织和66万人民群众的思想、意志、行动统一到习近平新时代中国特色社会主义思想指引的正确方向上来，落实到习近平总书记关于扶贫工作重要论述的伟大实践中去。以"贫困不除愧对先烈，群众不富寝食难安"的使命担当，坚持以精准脱贫统揽全县经济社会发展全局，贯穿经济、政治、文化、社会、生态文明"五位一体"建设各个方面。

提高政治站位，是做好精准脱贫工作的根本。

2015 年 7 月，湖北省委确定红安为 2017 年全省首批脱贫摘帽的重点贫困县。每个人都感受到沉甸甸的压力——2 年多时间，实现 11 万多人脱贫，且不说财力、物力投入，光是贫困人口的精准识别，就是一项极耗人力的工程，繁难程度远超以往。

县委常委们结合实际展开分析：红安近年来 GDP 增长迅速，但由于种种原因，贫困发生率仍有近 30%。"这些人不脱贫，我们愧对红安为中国革命牺牲的 14 万先烈！"县委书记余学武动情地说。

共识迅速达成：把脱贫攻坚作为最大的政治任务和第一民生工程，确保小康路上不落一人。

政治站位提高了，行动就有了坚实保障。

二、建立作战体系

成立以县委书记任第一组长、县长任组长、副县级以上领导干部为副组长的扶贫攻坚领导小组，下设 8 个作战指挥部，由副县级以上领导担任指挥长。成立县、乡、村三级指挥部和作战室，建立"县级统筹、部门参与、乡镇主抓、干部包保、工作到村、扶贫到户"的工作机制，形成上下衔接、左右贯通的指挥体系。仅 2017 年，红安就先后开展了"春季攻势""夏季行动""百日攻坚"等工作，一仗接着一仗打，形成全员上阵、合力攻坚的强大攻势。

三、压实脱贫责任

严格落实党政一把手负总责的脱贫攻坚责任制。实行县委常委和人大政协主职包保乡镇制度，明确从县委书记到村支部书记、工作队员、包保干部等九个方面的工作责任，即县委书记和县长对全县脱贫攻坚负总责；常委和人大政协主职包乡镇，对联系乡镇和驻点村负全面责任；副县级领导对所驻村负全面责任；乡镇党政主职对所在乡镇负第一责任；乡镇主职对所驻村负全面责任；县直单位和镇直单位负责人对驻点村负帮扶责任；各村支部书记对本村脱贫攻坚负主体责任；第一书记和工作队对驻点村负帮扶指导责任；包保干部对包保户脱贫负直接责任。

四、因户因人施策

严格精准识别，严格程序标准，科学评定。坚持实事求是、群众认可的原则，按照"两不愁三保障"标准，量化、细化贫困评价体系。由驻村工作队和村"两委"入户，按照"看房、看粮、看劳动力强不强、看家中有无读书郎、看家人有无病快快"的"五看"评定标准，通过农户申请、入户核查、民主评议、村级初选公示、乡镇确认公示、县级比对复审公告等程序，对贫困对象进行科学评定，登记造册，建立户档、村档，切实提高识别的精准度和公信度，努力做到"卡外无真贫"。开展多轮识别，剔除硬伤。对照精准识别"负面清单"，通过大数据比对，对精准识别对象开展多轮"回头看"，对有房、有车、有工商营业执照、属国家公职人员的贫困对象，组织专班人员入户核查，收集相关佐证资料，根据核查情况，剔除不符合条件的"硬伤"户，努力做到"卡内无硬伤"。制定《红安县建档立卡精准识别应急机制》，加强动态管理，坚持标准，严格按照程序，对因大病大灾等特殊情况致贫的农户及时纳入贫困户享受政策，确保"卡外无真贫"，对经过大数据比对发现确需剔除的"硬伤"户及时剔除并终止其享受政策。2018年启用应急机制动态管理后，贫困人口总规模为38242户109970人，未脱贫存量为144户462人（其中新识别118户388人）。

五、强化保障措施

1. 强化政策保障

对标中央和省市政策，对接红安实际，坚持系统谋划、实事求是、勇于创新，先后制定"四大政策体系"，构成了全县保障脱贫攻坚的政策"组合拳"。2015 年 8 月，在深入调研的基础上，研究出台《红安县精准扶贫政策扶持实施意见》以及"1+12"精准扶贫政策。"1"就是《红安县精准扶贫政策扶持实施意见》；"12"就是资金整合、工业扶贫、农业扶贫、旅游扶贫、扶贫搬迁、劳动力转移培训、教育扶贫、医疗救助、政策兜底、小额信贷、社会扶贫、光伏扶贫 12 个具体实施办法，每个实施办法都有配套的实施细则，密织产业、医疗、教育、住房、饮水、社会保障等政策之网。2016 年，红安县遭遇百年未遇的特大洪涝灾害，县里及时研究出台了《关于防汛抗灾救灾和灾后重建政策意见》，制定了"1+9"灾后恢复重建精准脱贫救助政策。2016 年 10 月，结合县乡换届、干部调整的实际，进一步完善相关政策，研究制定了《红安县副县级以上领导包村驻点调整方案》《关于印发红安县精准扶贫精准脱贫"136"工程实施方案（试行）》等"1+6"精准脱贫补充方案。2017 年年初，针对"春季攻势"查出的问题，聚焦补短板、保底线、解难题，研究出台了《关于进一步激发内生动力加快脱贫致富奔小康实施办法》《红安县有机茶产业精准扶贫实施方案》《红安县养蜂业精准扶贫实施方案》《红安县红苕产业精准扶贫实施方案》等"1+7"的政策方案。

2. 强化资金保障

坚持"政府主导、全面统筹，瞄准贫困、精准实施，权责对应、激励约束"的原则，全面统筹整合各类财政资金，切实强化扶贫基础性投入保障。2014 年投入财政资金 2.1 亿元；2015 年投入财政资金 3.02 亿元；2016 年至 2017 年，累计投入资金 49.7 亿元，其中整合扶贫资金 11.5 亿元（2016 年 5.6 亿元，2017 年 5.9 亿元），政府融资 9.9 亿元（易地扶贫搬迁 2.66 亿元，光伏电站建设 2.57 亿元，金鸡扶贫 2.33 亿元，基础设施、党群服务中心建设等 2.34 亿元），整合其他涉农资金 9.1 亿元，撬动社会资本投入 19.2 亿元。2018 年整合财政专项资金 6.1 亿元，主要用于健康扶贫、教育扶贫、兜底保障和产业扶贫等方面。加强扶贫资金监管，一是完善制度抓监管，制定了《红安县扶贫项目和扶贫资金监督管理办法（试行）》，从制度层面规范统筹资金的管理；二是强化资金拨付抓监管，规范了资金拨付流程，明晰了各环节相关单位的职责；三是部门联动抓监管，县纪委（监察委）、审计局、财政局、扶贫办等单位围绕扶贫资金使用管理开展日常监督检查；四是结合问题整改抓监管，针对扶贫资金审计、扶贫领域专项整治、第三方检查中发现的问题，建立整改台账，实行销号管理。同时，举一反三，开展扩面自查，强化问题导向抓监管。

3. 强化力量保障

全县副县级以上领导干部每人每年包保 3 户，副科级以上干部每人每年包保 2 户，一般干部每人每年包保 1 户，三年包户任务一次分解，分年度完成。同时，选派 151 名机关干部到村任"第一书记"，1398 名工作队员助力扶贫。大力引导能人回乡创业，建立健全"政府＋企业＋银行＋保险＋农户"利益联结机制，积极引导、调动社会各界力量参与扶贫开发。近三年来，民政系统接受各类社会捐赠 2184 万元。依托中国社会扶贫网广泛开展社会帮扶

2017 年 1 月 17 日，红安县开展精准扶贫系列捐赠活动

活动，据相关统计，红安县累计注册爱心人士 63724 人，注册贫困户 42388 人，捐赠次数 109827 人次，捐赠 955802 元。开展"百企帮百村"行动，投入帮扶资金 4160 万元，捐赠金额 1200 万元，安置就业 700 多人。

4. 强化作风保障

聚焦脱真贫、真脱贫，开展作风建设年活动，聚焦解决扶贫领域的腐败和作风问题。建立运用"大督查"工作机制，采取明察暗访、电视曝光、约谈问责、第三方抽查等方式，组建 5 个督查专班实行全天候抽查、暗访式督办，强化监督执纪问责。充分发动党代表、人大代表和政协委员积极参与扶贫领域监督工作。三年来，共问责工作队员 84 人，通报批评 570 多人次，约谈 460 多人次，责令书面检查 250 多人次，约谈单位党组负责人 30 多人次。同时，完善精准脱贫专项工作考核方案，树立"干部考核看扶贫、干部任用看脱贫"的导向。

六、夯实基层基础

1. 坚持党建引领

大力实施基层党建"整县推进"支部建设，推动脱贫工作、扶贫项目落实到支部。狠抓村级党组织带头人队伍建设，从在外能人、退伍军人、乡村致富带头人中挑选 98 名优秀人才担任村党组织书记，按照"基本 + 绩效 + 奖励"的报酬结构，比照副乡（镇）长工资水平落实村主职干部工作报酬。每年安排 100 万元用于村党组织书记培训和考核奖励。建强脱贫力量，选派 151 名机关党员干部到村任"第一书记"，选聘 22 名大学生村官到贫困村任职，每月开展一次"支部主题党日"，引导党员在脱贫攻坚中发挥先锋模范作用。通过"新建一批、改扩建一批、特色示范一批"的推进模式，三年投入专项资金 1.24 亿元，采取以奖代补的办法，对 303 个村级党员群众服务中心进行提档升级，所有贫困村都有规范实用的便民服务场所，并提供"一站式服务"，群众办事不出村，真正成为党员群众"生产离不开、生活离不开、感情离不开"的精神家园。采取县领导直接联系指导、工作专班推动、"第一书记"帮建等办法，对软弱涣散的基层党组织进行重点管理，因村施策抓整顿提升。通过盘活"三资"、光伏发电、产业扶持、金融信贷支持等措施，全县 96 个重点贫困村集体经济收入都达到了 5 万元以上。

2. 完善农村基础设施

按照"龙头一开，清水自来"的标准，实施农村饮水提升工程。两年来，改善了 7.1 万农村群众的饮水质量，其中建档立卡贫困人口 14610 户 37130 人，实现了所有农户安全饮水。建成美丽乡村示范点 64 个，建设水冲式厕所 220 座，建成文化广场 340 个、百姓舞台 180 个。整合资金 2 亿余元，按照"2+N"模式（便民小道、路灯 + 其他），农村面貌大幅度改观，重点贫困村实现文化广场、百姓舞台和水冲式公厕全覆盖。完成县乡道路改造 99.3 千米，建成通组公路 439.3 千米，所有乡镇和行政村分别通二级和四级以上公路，实现客运班车全覆盖，农村基础设施条件大为改善，公共服务水平大幅提升。综合开展农村垃圾治理，进一步健全户分类、村收集、镇转运、县处理体系，持续发动群众广泛开展保洁卫生活动，仅 2017 年就新建乡镇垃圾中转站 31 座，添置户用垃圾桶 12 万多个，新建垃圾池 3000 多个，拆除废旧牛栏、猪圈、破房 5 万多间，每个自然湾配备 1—2 名保洁员，农村人居环境得到全面提升。

2017 年，红安县实现 GDP 153.81 亿元，与 2014 年比（下同），增长 27.4%；固定资产投资 206.17 亿元，增长 43.9%；地方财政收入 30.4 亿元，增长 48.5%，总量连续四年位居全市（县区）第一名；规模以上工业企业 163 家，增长 45.5%；金融存贷比由 35.54% 增长到 54.43%；城镇居民可支配收入 24908 元，增长 27.6%；农村居民可支配收入 10448 元，增长 29.7%；三种产业结构比由 22：49：29 调整为 18：48：34，税收收入占公共财政预算收入比重 65.5%（全市县市区第一）；红安高速出口车流量由 152.65 万辆（次）增加到 263.29 万辆（次），增长 72.5%。

2010年开始建设的南部工业新城基本建成，面积达40平方千米，落户企业454家，投产261家，其中工业企业231家，初步形成智能制造、新技术新材料、电子商务等八大产业集群，成功创建"省级高新园区""省级产城融合示范区"。目前，产业工人3万多人，带片区城镇居民和其他从业人员接近6万人。

8年来，园区规模以上工业企业总产值突破400亿元，各类固定资产投资累计340亿元，实现税收18亿元，安排就业38576人。"全面小康，一个也不能少。"这是习近平总书记的铿锵承诺，更是园区人殚精竭虑的不竭动力。红安县大力实施工业扶贫战略，园区所有企业担当社会责任，所有党员干部齐抓共管，帮助贫困户靶向施策、脱贫致富。

县域经济的高质量发展，夯实了脱贫基础，加快了脱贫步伐。红安县贫困发生率由2010年的30%下降到2014年的21%，下降了9个百分点。特别是经过近几年的扶贫攻坚和多轮精准识别"回头看"，全县贫困人口由2014年的112849人减至2017年年底的323人，贫困发生率由2014年的20.92%降至2017年年底的0.06%。

2017年年底全县建档立卡总数为39426户110489人（人口自然变更后享受政策数据为38837户110085人），其中2014年脱贫3323户11005人，2015年脱贫13684户43976人，2016年脱贫4145户13162人，2017年脱贫18172户42023人。2017年年底未脱贫存量103户323人。2014年建档立卡重点贫困村96个，2016年出列56个，2017年出列40个。

2018年6月顺利通过国家第三方评估验收，综合贫困发生率0.11%、漏评率0.07%、错退率0、认可度95.94%，所有指标均达到贫困县退出的国家标准。8月7日省政府发文批准红安退出贫困县序列。

红安县新型产业
园区建设八周年
专题片

发展中的红安县工业园区

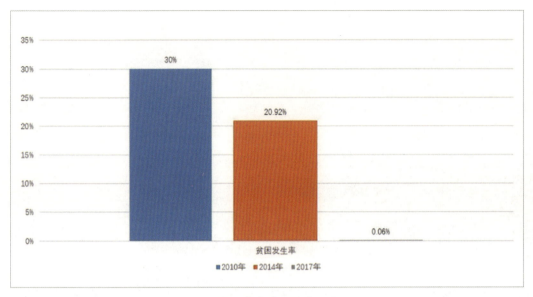

红安县近年来的贫困发生率

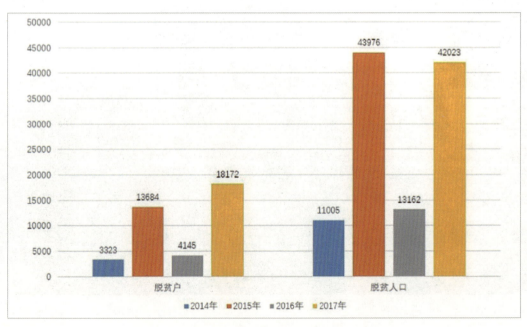

2014—2017 年红安县脱贫户数和脱贫人口数

04
Chapter

红安脱贫答卷
让幸福不再遥远

红安县在湖北省率先摘帽脱贫，完成了省委"精准扶贫走在全省前列，为全省树立一面旗帜"的任务，全县上下为之欢欣鼓舞。这是一场没有硝烟的与贫困博弈的战争，也是一段攻坚克难、治理贫困的奋进历程。红安健康扶贫"4321"模式在全国得到推介，驻村帮扶的经验在全国现场会上进行交流。全国大别山片区扶贫开发现场会和全省教育扶贫、健康扶贫、扶贫档案管理现场会，全市精准扶贫现场推进会，大数据监督检查入户核查工作推进会，等等，多个现场会在红安县召开。新华社、《人民日报》、中央电视台中文国际频道《中国的人权与减贫行动》和综合频道、《湖北日报》、湖北电视台等主流媒体对红安的做法进行了 30 多次深度报道。红安始终坚守初心，取得了令人瞩目的成果，2018 年全面完成湖北省下达的 103 户 323 人的脱贫任务。

2018 年，红安县没有因帮扶工作不到位而导致的脱贫户返贫，通过落实各项巩固提升举措，全县已脱贫人口脱贫质量明显提高。农村常住居民人均可支配收入增长高于全国平均水平（红安县 2017 年农村常住居民人均可支配收入为 10448 元，增长 9.55%；黄冈市 2017 年农村常住居民人均可支配收入为 12116 元，增长 9.4%；湖北省 2017 年农村常住居民人均可支配收入为 13812 元，增长 8.5%；2017 年全国农村居民人均可支配收入为 13432 元，增长 8.6%）。贫困户（除五保户外）均参加有两项以上的产业扶贫项目，有较为稳定的经济收入来源，贫困人口"两不愁三保障"的基本保障水平全面提升，义务教育阶段贫困生国家普惠和地方配套政策全面覆盖，贫困人口全部住上了安全住房，饮上了洁净自来水，农村基础设施建设得到了有效巩固，农村人居生活环境得到了明显改善，贫困户精神状态和生活面貌焕然一新。2018 年，47 户 158 人均因大灾大病而被识别为贫困户，全部纳入应急保障措施，不会因大灾大病而再次陷入贫困。

如何保质保量完成巩固提升的工作？接下来的工作依然艰巨，但红安全县上下信心满怀。大家将认真履行职责，努力在岗位上干出新业绩，向党和人民交出一份满意的答卷。

一、精准识别是前提

要充分运用"一进二看三算四比五议"的方法精准识别贫困户，严格按照"两入户、两评议、两审核、两公示、一公告"程序，把好群众申请关、入户调查关、民主评议关、公示监督关、审核确认关，确保精准识别结果让群众满意，做到扶贫精准有效。

二、思想扶贫是根本

要通过广泛动员发动、政策宣传讲解、外出参观学习等措施，不断鼓舞村民，让他们看到差距、找到症结，实现从"要我发展"到"我要发展"的根本性转变。

三、产业扶贫是关键

要在摸清家底的基础上，整合各类涉农资金和扶贫政策，建立产业发展与贫困户增收脱贫联动机制，大力推进产业扶贫、产业富民，积极促进农民转移就业，增加工资性收入。通过提供技术、销售、资金等服务保障来增强村民发展的信心和决心；通过重点扶持有一定能力的农户优先发展示范带动更多农户，实现全面发展。

四、真情扶贫是保证

扶贫工作队队员和村"两委"班子成员一定要勇做扶贫攻坚的"排头

兵"，善做密切联系群众的"贴心人"，增强工作的主动性、创造性，用心识真贫、用情真扶贫、用力扶真贫，把有限的扶贫资源与扶贫对象紧密衔接、精准配置，使惠民富民政策真正落到实处，取得实效。

脱贫是底线，小康是目标。为巩固脱贫成果，红安以习近平新时代中国特色社会主义思想和党的十九大精神为指引，结合乡村振兴规划，出台了巩固脱贫成果的实施方案。脱贫摘帽后，红安摘帽不摘政策、摘帽不摘责任、摘帽不摘帮扶、摘帽不摘监管，大力营造扶贫光荣、脱贫光荣的氛围，激发群众内生动力，坚定必胜信心，确保巩固工作提升见实效。

红安县抢抓重大战略发展机遇，经济社会发展和党的建设取得新成绩。黄冈市10个县市（区）发展分为三个方阵（第1至3名是第一方阵，第4至7名是第二方阵，第8至10名是第三方阵），红安党政领导班子目标责任考核从2010年第9名上升到2014年第3名，2014年以来稳居第一方阵。

红安县在全国健康扶贫工作现场推进会上介绍精准扶贫医疗救助"红安模式"

第一节　健康扶贫模式全国首创

健康脱贫是脱贫十大工程之一，红安县把健康扶贫工程作为脱贫攻坚的重要一环，防止因病致贫、因病返贫，并在全省率先引进社会保险，建立了"新农合（或基本医保）＋大病保险＋民政大病救助＋医疗救助"四位一体的精准扶贫医疗救助"红安模式"，让贫困群众"看得起病、看得好病、看得上病、少生病"。

七里坪镇马岗村贫困户万建民患腰椎间盘突出 20 余年，基本丧失了劳动能力。红安县推出健康扶贫政策后，万建民到省中西医结合医院做了手术，住院花费近 7 万元，而他自己只掏了 5000 元。"4321"健康扶贫模式是红安的重大创新，其核心内容有两个：一是将精准识别贫困对象住院医疗费用报销比例提高到 90%；二是年度住院医疗费用个人部分实行 5000 元封顶，不足部分由政府通过购买商业保险的方式兜底。

这个模式的出台，源自红安县 2015 年的一次调查。调查显示，在贫困户致贫原因中，因病致贫占比高达 61%，而因病致贫的直接诱导因素，是农村患者医疗花费的报销比例太低。

方案提出之初，根据测算，县财政每年可能多支出近 5000 万元。于是有人提出：值得吗？能否负担得起？会不会导致过度医疗？

面对争议，在一次精准扶贫领导小组会议上，县委主要负责人说："红安作为革命老区，还有那么多家庭得不到健康保障，拿出 5000 万元，换来贫困户的身心健康，值！"

健康扶贫政策实施后，贫困对象实际住院报销比例提高到了 92.5%，较政策实施前增加了 37.3 个百分点。从实际情况看，贫困户过度医疗现象并未出现，2016 年和 2017 年，两年中县财政为健康扶贫增加支出在 3000 万元左右，整个资金面运行平稳。

2015年以来，红安县针对因病致贫、因病返贫人口占全县贫困人口61%的突出问题，探索医疗救助"4321"模式，即明确"定救助对象、定报账方式、定兜底标准、定就诊机构"四定原则；实行"入院不交费、报账一站式、结算一次性"三大举措；落实"健康全管理、就医全兜底"两大保障；实现"不让一个贫困户再因病致贫、因病返贫"的目标。

认真落实大病集中救治一批、慢病签约服务管理一批、重病兜底保障一批"三个一批"行动计划，健全完善四位一体健康扶贫机制。对无支付能力的五保户及精神疾病患者，给予100%报销。对患有中风后遗症、恶性肿瘤术后门诊化疗等16种重大或慢性疾病的贫困对象，门诊医疗费用实际报销比例达到70%。2018年，门诊慢性病病种扩大到36种，报销比例提高

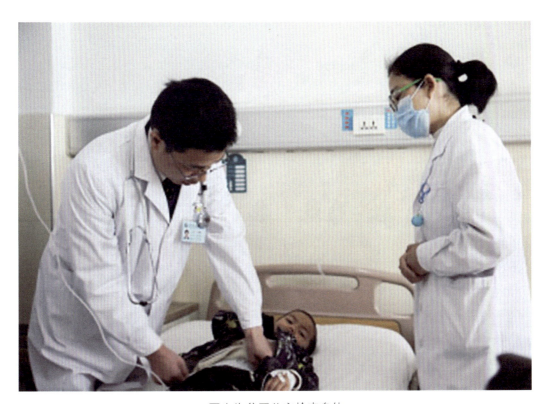

医生为贫困儿童检查身体

到 90%，并完善贫困人口家庭医生签约服务工作。此外，对非贫困户的低保户、五保户，购买补充医疗保险，使其与贫困户一样享受健康扶贫政策。

截至 2018 年 5 月，红安通过推行精准扶贫医疗救助"4321"模式，共救助住院贫困户患者 66380 人，患者住院医疗总费用 3.79 亿元，其中贫困户需自付的费用为 2603.31 万元。

红安健康扶贫"4321"模式先后两次在全国会议上做经验交流，被评为全国基层改革创新 50 个优秀案例之一。原国家卫计委副主任王培安在全国健康扶贫工作会议上表示，红安县精准扶贫医疗救助的做法值得借鉴，联合国人权组织认为红安县健康扶贫做法和经验值得国际社会学习。

亚非拉 8 国考察团对红安的医疗与健康扶贫、农村卫生发展、专项扶贫、社会保障
工作成果进行考察和交流

第二节　驻村工作全省首创

2017 年 5 月，红安县高桥镇吴家大湾村来了一位不一样的驻村扶贫工作队队长，村民们都对他赞不绝口。

他就是占店中学党支部书记耿春元，在这次"万千活动"中由高桥镇政府从学校抽调到吴家大湾村任驻村扶贫工作队队长。他为人正直善良、做事务实能干。嘴一张就暖人心，脸一笑就让人倍感亲切。

自 5 月 15 日来到吴家大湾村，耿春元就一直吃住在村里，认真按照县委、县政府的会议精神开展工作，带领全体队员严格执行"5+4"的工作方式，战斗在吴家大湾村"五位一体"建设的战场上。他为了吴家大湾

耿春元与贫困群众座谈

村 42 户贫困户如期脱贫、贫困村如期出列，可谓是舍小家顾大家。他是家中的独生子，妻子已去世，两个儿子都已参加工作，家中有 83 岁的老母亲身患重病，生活不能自理。为了安心扶贫，他先是做好母亲的思想工作，对母亲说："娘，政府要派我去吴家大湾村驻队扶贫了，只好请人照料你了！"通情达理的老人说："你是组织上的人，去吧，有房下的嫂嫂们照料就行，放心吧，好好干！"堂堂的七尺男儿，奔六十的人了，听了母亲的一席话，他竟哭得像个泪人似的。

一来到村里，他就向村支书了解村里的情况，一上午的时间他就把 42 户贫困户 95 口人的致贫原因及享受的扶贫政策了解得清清楚楚。在村"两委"的带领下，用了两天两夜的时间对全村 10 个组的 42 户贫困户一一进行了核查。有次在吴家大湾村开场子会，当村支书介绍完驻村工作队的情况后，一双双期待的眼睛都望着耿队长。耿队长微笑着说："各位父老乡亲，我们是县委、县政府派驻到吴家大湾村的扶贫工作队，是来帮你们的！怎么帮呢？我说啦，掏金掏银莫若掏心，帮钱帮物不如帮言。我们是掏心窝子真心实意帮你们！我们的心是连在一起的，你们不脱贫，我们是不走的。我们是来帮忙和听你们说话的，你们张家有什么特殊、李家有什么困难，都别怕，一一说出来听听，大家一起帮帮忙！我们是来结亲戚的。"一席话拉近了和乡亲们的距离，彼此之间亲切了，大家都畅所欲言，无话不说。散会了，乡亲们簇拥着给工作队送行，并且大声地说："你们真是党的好干部，不一样啊！辛苦了，耿队长，你们慢走啊！"

耿春元入户走访了解贫困群众的生活情况

　　在开完全部场子会后，耿队长接着安排典型走访。他得知大枫树湾有位女共产党员叫陈锡芬，70多岁了，19岁就入了党，育有4个儿子，都在外地工作。哪家有困难、有矛盾、有纠纷，她都第一时间出面帮助、劝说、调解。每月的支部主题党日，她从不缺席，带头缴党费，积极参加学习。耿队长当天晚上就带领工作队队员和村"两委"工作人员一起到她家去拜访。耿队长说："大姐，我们今天是来向您学习的啊！您作为一名有51年党龄的基层老党员，心系乡亲，几十年如一日，真的不容易啊！"陈锡芬老人说："没做好，不值得一提，我也是尽本分啊！"在离开陈大姐家的时候，耿队长说："大姐，您的事迹值得我们大家学习，时代需要您这样的老党员做表率啊！"陈锡芬老人说："我也要向你们学习啊！耿队长，你们真的是好样的！不一样啊！"耿队长还经常告诉工作队队员，在基层工作，群众不是看你怎么说，关键是要看你怎么做。

　　说一千道一万，不如实际做做看。耿春元每次带领工作队队员进村入户都要做实事。在到吴家河走访老党员吴恒沐前，他就带领队员打扫全湾卫生，村民看到后，也自发加入到打扫卫生的劳动中来。大家都说："如今的工作队真的不一样！"还有一次到彭家湾走访贫困户时，他得知贫困户彭建华的儿子彭谦赋闲在家，三十多岁了，离了婚，带着一个六七岁的女儿，想去学医，然后回来当个村医。于是，耿队长到他家，当即打电话给占店卫生院院长并说明情况，得到了院领导的支持，第二天就送彭谦去占店医院见习。在走访中，正好老彭的前儿媳也在，耿队长和村支书又做起了他们的工作，希望为了孩子的成长，两人都各自让一步，早日重归旧好，他们都高兴地答应了。在离开彭建华家的时候，一家人都握着耿队长的手说："耿队长，你是我们家的贵人啊！你不仅给我家脱贫想路子，还把不和的家帮团圆了。"耿队长不仅扶贫脱贫工作做得好，而且吴家大湾村"五位一体"工作做得也很出色。他对"五位一体"工作精心布局、统筹安排、协调发展、有序推进。为了做好基层党建工作，他连续两次（6月、7月）参加"支部主题党日"活动，并在会上宣传党的各项政策，教育全体党员在党爱党、护党、言党、为党；在"平安红安"建设工作上，带领工作队队员到10个组发放宣传单，并和村民们座谈；在"美丽乡村"建设方面，他与村干部一起研究制订出了《吴家大湾村美丽乡村建设实施方案》和"村规民约"，带领队员一起到每个组打扫卫生，并拆除私搭乱建的柴棚、猪舍；在"精神文明建设"工作上，他和村干部一起商讨并成立"吴家大湾村文明理事会"，开展评选"好婆婆""好媳妇""五好家庭"的活动。耿队长就是这样一位为民办实事的驻村工作队队长。现如今，吴家大湾村的天更蓝了、水更清了、山更绿了、村庄更整洁了、大家小家更团结了、乡邻乡亲更和谐了、村风民风更淳朴了，每个人的脸上都洋溢着幸福快乐的笑容。这一切的一切，无不倾注着耿队长以及驻村工作队和村"两委"一班人的心血啊！

　　红安县全面开展了"万名干部包保、千名干部驻村"活动。把驻村帮扶作为夯实基层基础、实现精准脱贫的重要抓手，组织 9724 名党员干部包保 39426 户贫困户，抽调 1398 名优秀干部组建 399 个驻村工作队和 12 个督查队，做到乡有督查队、村有工作队、户有帮扶人。

实行专业化培训、制度化管理、常态化督查、人性化关爱，全面落实驻村"五天四夜"工作制度，工作队队员每周在驻点村工作 5 个白天，住 4 个晚上，当好脱贫攻坚战斗员、基层党建指导员、美丽乡村建管员、乡风文明宣传员、矛盾纠纷调解员。采取召开场子会、上门走访、共进晚餐、慰问帮扶等办法，实打实地为群众办好事、解难事。据不完全统计，三年来，工作队化解各种矛盾纠纷 1872 起，为贫困户解决实际问题 6883 个，2017 年全县信访量同比下降超过 30%。工作队与群众共坐一条板凳、同吃一锅饭，用真心真情赢得了群众的好评。

■ 故事：脱贫路上党旗红

岁月不居，时节如流。回望 2018 年，注定是不平凡的一年！这一年 8 月，红安正式脱贫摘帽！

作为革命老区，如何继承先烈遗志、弘扬红安精神，率先在脱贫摘帽上破冰前行？脱贫摘帽这场硬仗是怎样打赢的？

帮钱帮物，不如建个好支部

"群众要致富，关键看支部。"牢牢把握村（社区）"两委"集中换届的关键契机，从一开始就把政治标准放在首位，把严格程序贯穿始终，下决心、下深水、用狠劲，着力解决制约农村发展的根本性问题。

换届之初，县委常委会第一时间深入学习省市换届工作会议精神，并成立了以市委常委、县委书记余学武为组长的换届工作领导小组，定期召开工作例会，着力解决重点难点问题，县委书记主持专题会议逐乡镇听取村（社区）党组织书记人事调整方案；实行县委常委和人大、政协主职包乡镇制度，副县级以上干部根据工作联系点安排，指导联系换届工作；县委组织部、县民政局牵头就换届工作的政策、程序、纪律要求进行了集中培训。

"班子强不强，关键看班长。"能否选出"双强双好"的党组织书记，是衡量换届是否成功的重要标志。落实村（社区）党组织书记县级联审机制，对 3562 名村（社区）"两委"候选人逐一"过筛子"，取消了 198 名候选人的参选资格；成立 9 个巡回督导组深入现场开展督导指导，从严把好政治关、程序关、质量关、纪律关；县委组织部对村（社区）党组织书记候选人进行逐一考察，确保人选标准；举办 4 期村（社区）党组织书记培训班，切实提高村干部的履职能力。

新当选的村（社区）书记 228 名，调整面达 56.72%；148 人拥有大专及以上文化程度，占 36.82%，比换届前增加了 61 人；45 岁以下的有 141 名，占 35.07%，比换届前增加了 95 人；60 岁以上的有 16 人，占 3.98%，比换届前减少了 69 人；平均年龄为 48 岁，比换届前下降了 6 岁。发挥"一派两聘"、能人回乡工作成果显著，29 名在外成功能人当选村（社区）党组织书记。对一时没有合适党组织书记人选的，从县乡机关事业单位中选"派"和"聘"，共产生村（社区）党组织书记 86 名，比例达 21.39%。省定换届"硬性指标"全部完成。

千难万难，党员干部带头就不难

一个党员，就是一面旗帜。旗帜在哪里，方向就在哪里，责任和使命就在哪里。打赢脱贫攻坚战，同样需要党员干部充分发挥先锋模范作用，团结带领群众齐上阵、共努力。

召开全县农村党员教育管理工作现场推进会，加强和改进农村流动党员教育管理服务工作。推动党员带头致富、带领致富，推动有帮带能力的党员每人至少结对帮扶 1 户贫困户。

坚持和完善"支部主题党日""三会一课"等党内组织生活制度。组织广大党员围绕脱贫攻坚、污染防治、扫黑除恶专项行动开展学习讨论，真正让党员行动起来，把群众带动起来。

实行县乡机关与农村支部结对帮扶活动，选派 175 名驻村第一书记，抽调 1398 名干部组建 399 个驻村工作队，实行"五天四夜"驻村工作制度。机关党员与农村党员一起召开场子会、院子会，县、乡、村党员干部共商村级发展事务，实现了良性互动。

开展"五好家庭""脱贫榜样"等乡风文明建设，制定完善村规民约，推进移风易俗，弘扬新风正气，引导群众变"我要脱贫"为"我要致富"，营造干事创业的良好氛围。

有山有水，还要有个好阵地

为助力精准脱贫，打通服务群众"最后一公里"，县委、县政府在 2018 年继续整合资金 4000 万元，以奖代补支持 303 个村（社区）党员群众服务中心进行提档升级，确保每个村（社区）都有规范实用的活动场所，让党员群众小事不出村、大事有人帮、活动有场所。

继续实施"党组织 +N+ 党员群众"工程，配套建设综合性的党员政治生活馆、村情村史陈列馆、特色产业基地等，全面建成杏长兴村、周家墩村、柏林寺村、西林村、程河村、崔家边村、叶河村等一大批"党建 +"特色示范村。

同时，结合开展扫黑除恶专项行动，整顿转化 41 个软弱涣散村（社区）党组织，做好农村"两堂"专项整治工作，76 个宗族祠堂成功转化为党组织领导下的群众文化活动场所。

授之以鱼，不如授之以渔

发展产业是实现脱贫的根本之策，离开产业支撑，脱贫就是无源之水、无本之木。县委坚持把发展壮大村级集体经济作为重头戏，积极鼓励和引导组织创产业、党员创事业、群众创家业。

探索"党支部 + 合作社 + 贫困户"模式，助力脱贫攻坚。出台《红安县发展壮大村级集体经济工作方案》，集中开展农村"三资"清理，盘活村集体资产资源。县委组织部组织专班赴团风、英山考察学习村级集体经济发展的经验。在杏花乡长兴村召开全县发展壮大村级集体经济现场推进暨业务培训会。从 2018 年起，每年整合 1800 万元专项资金，滚动扶持 60 个村发展特色产业，鼓励通过光伏发电、特产种植、购买商铺、新建农家乐等方式，因村施策探索建立多样化的发展路径。

红安基层党建探索出的"五个基本"建设被写入中共中央印发的《中国共产党农村基层组织工作条例》，新华社《国内动态清样》、《半月谈》推介了红安抓党建促脱贫攻坚的经验，驻村帮扶工作在全国座谈会上作经验交流。

第三节　产业扶贫机制引领脱贫

根据贫困对象的实际情况和主观意愿，积极推广"政府 + 市场主体 + 农户 + 银行 + 保险"的产业扶贫推进机制，建立贫困对象与市场主体利益联结机制，形成以金鸡、光伏、特色农业产业和其他产业为主的特色产业扶贫格局。政府出资为贫困户种（养）牛、羊、水稻、大棚果蔬等购买保险。德青源金鸡产业扶贫项目一期带动 3000 户稳定增收、38 个重点贫困村村平均入股分红 4 万元。目前正在建设华中地区加工中心，项目全部投产后可达到绿色养殖和加工产值 15 亿元，能带动 5000 户农户脱贫致富。结合农业供给侧结构性改革，立足红安资源禀赋，设立扶贫产业发展基金 1 亿元，重点支持发展红茗、老君眉茶、蜂蜜、红宝萝卜、红安大布、永河皮子等特色产业。实施"136 工程"（评选 10 家红旗市场主体、30 家骨干市场主体、60 家优质市场主体，分别奖励 50 万元、30 万元、20 万元），支持 155 家优质市场主体参与产业扶贫。

■ 故事一："红安苕"变成脱贫致富"金疙瘩"

一年一度秋收季，又到红苕采挖时。2018 年 10 月 31 日，《湖北日报》全媒记者在红安县杏花乡、二程镇等乡镇探访，发现当地"红安苕"再次获得大丰收，种植户在田间加紧采挖，企业在地头挂牌收购，喜悦挂在每个种植户脸上。"如今，'红安苕'已变成脱贫致富的'金疙瘩'。"红安县扶贫办主任姚福祥介绍说，2018 年全县"红安苕"种植面积为 7.5 万亩，产量达15 万吨，总产值超过 3 亿元。除家庭种植户之外，全县另有 1230 户贫困户到"红安苕"种植基地打工或开展合作经营，每户平均年增收 3000 元以上。不少贫困户年打工收入过万元。

一红一绿点亮脱贫致富新希望

年过六旬的周叔宽，是一名复员军人，家住红安县杏花乡龙潭寺村。10年前，妻子被查出患上了罕见的"主动脉夹层"病，彻底丧失劳动能力，瘫痪在床。

单凭自己一个劳动力，地怎么耕？妻子的药费怎么办？日子可怎么过下去？就在周叔宽犯愁的时候，村里传来好消息：要想富，跟着合作社一起种红苕，年底还有分红呢！

原来，红安县瑞沣种植养殖专业合作社采用"合作社 + 基地 + 贫困户"的模式，通过土地入股分红、用工增收等方式，来帮助当地贫困户脱贫致富。

周叔宽成了这一模式的受益者。他在瑞沣种植养殖专业合作社打工，每年至少能保底分红3000 元。做工一天赚 70 元，自

手捧"红安苕"的周叔宽

家土地租给合作社，一年也能拿 2000 多元。

"党的扶贫政策真好！"现在，周叔宽和老伴一个月能领到 540 元的补贴，再加上种"红安苕"的各种收入，生活已经无忧。

记者了解到，"周叔宽们"如今遍布全县乡村。合作社把千家万户组织起来，在家门口的"红安苕"基地打工，短工每天收入七八十元，长年打工的月收入稳定在 2000 多元，效益远远高于传统的分散种植。

"合作社 +"模式还有个好处，就是不用愁销路。农民只管用心种植，市场交给合作社来开拓。

在合作社的统一管理下，"红安苕"的种植有了严格的标准。"你看到红苕叶子上的虫眼子没？"周叔宽指着地里的红苕叶对记者说。当地的红苕都是原生态种植，不打农药，几乎每一株红苕的叶子都有虫咬的痕迹，这样种出来的"红安苕"，才是"放心苕"。

绿油油的叶子，红彤彤的苕，这"一红一绿"，点亮了红安农民心中脱贫致富的希望。

能人回乡让红安苕身价暴涨

被"红安苕"改变命运的，不只是当地的贫困户。

自 2010 年获得"国家地理标志保护产品"称号以来，"红安苕"已成为一个地方特色品牌，产业链不断延伸。

一颗颗沾着泥土的"红安苕"被合作社从农民们手里收购上来，它们中的一部分，来到湖北阿帆食品有限公司，完成"变身之旅"。

袁鹏，一位土生土长的红安小伙子，是这家公司的创始人。13 年前，他从该县高桥镇粮管所下岗后，只身前往广州一家面粉厂打工，做检验员。在此期间，他一边工作，一边学习管理和业务，终成行家里手。2007 年，袁鹏返乡创业，承包一家国营面条厂。2011 年 6 月 30 日，他成立湖北阿帆食品有限公司，随后在武汉市股权托管交易中心成功挂牌，公司员工由 60 多人增加到 100 多人。

湖北阿帆食品有限公司的红薯挂面生产线

阿帆食品有限公司研发的"红薯挂面生产新工艺"顺利通过省级科技成果鉴定，被认定为国内领先水平。这种红薯面条，白净无瑕，吃起来滑溜爽口，要经过选薯、清洗、粉碎、打浆等十多道工序进行加工制作。

一块多钱一斤的红苕，经过深加工，身价暴涨了好几倍。阿帆食品有限公司的红薯面在网上卖到128元一提，产品销往重庆、深圳、广州，供不应求。

一村一品筑牢产业基础

二程镇是红苕生产重镇，2017年被农业部认定为"一村一品示范村镇"。该镇大部分农民从事红苕种植，红苕产业撑起了"钱袋子"。"今年全镇红苕种植面积达2.1万亩，总产量约3.6万吨。"二程镇农业服务中心主任柯长青告诉记者。

政策支持促发展。二程镇通过政府牵头、部门服务、龙头带动、市场引领等方式，疏通产业发展瓶颈。目前，全镇已形成小规模、大群体、多龙头、强产业的红苕产业发展格局。

专业技术保种植。二程镇组织统一技术培训，定期邀请专家教授进行技能培训，让有种植经验的老农到田间地头现场指导，解决生产中的技术问题。

产业服务一条龙。二程镇不仅重视扩大红苕种植基地，还下大力气建设先进的红苕保鲜系统与产品加工流通体系。全镇几十家红苕企业及产品微商、经纪人参与红苕产业经营，打通了线上线下销售渠道，带动了鲜食红苕及加工产品的销售。

田店村采取"支部+市场主体+农户"的模式，创办红安县伟杰现代农业发展有限公司，从事红苕种植与深加工，全年红苕种植面积达1000亩，辐射周边5个村。公司生产的"苕大哥"红苕淀粉和粉丝，在线上线下多个平台销售火爆。

据估算，二程镇2018年红苕种植农户亩产1800千克以上，商品率可达60%。按单价2元/千克计算，每亩可获纯利1500元以上。

目前，二程镇已注册"颐颢""苕大哥"两个商标，拥有部级和省级颁发的红苕无公害认证证书、产地认证证书。

红安县农业局总农艺师马皓说，2018年"红安苕"种植面积同比增加4万亩，给农户带来了实实在在的收入。不断改良种植技术、创新销售方式、拓展产业链条、擦亮公共品牌，"红安苕"已经变成全县农民脱贫致富的"金疙瘩"。今后，还要继续努力，力争让"红安苕"成为响当当的国际品牌！

（黎海滨、李绍伦：《"红安苕"变成脱贫致富"金疙瘩"》，《湖北日报》2018年11月8日。）

■ 故事二：一叶老君眉带领贫困户脱贫，年产茶10万斤

一县老君眉　种在森林间

老君山，是红安县内的第一高山，因相传太上老君曾在山顶炼丹而得名。山中出产一种名茶，名唤"老君眉"。老君眉又名仙茶，该茶汤色翠绿、

生长了 200 多年的老君山"茶王"

第三届老君眉茶文化节手工制茶技能大赛现场

香馥味浓。

自获得有机认证后，六大林场统一品牌、统一标准、统一质量、统一包装，森林中的茶园又重现生机。

一叶老君眉 揉成大产业

为了做好老君眉品牌，老君眉茶场十几年来一直坚持走高山有机茶种植之路，除了提质，他们还重视茶品牌和茶文化的打造。

2019年5月9日，第三届老君眉茶文化节开幕。活动当天，36名炒茶能手现场参加手工制茶技能大赛，只为让"老君眉"叫得更响。

华中农业大学茶学系系主任倪德江表示，从1998年当地开发出老君眉至今已有20余年，现在老君眉已经成为整个红安茶的代名词。

20多年间，红安将老君眉茶入诗、入画、入舞、入歌、入艺，打造老君眉文化专辑。与此同时，还创建了茶文化公园、茶文化展示馆，集中诠释老君眉森林茶的文化理念。

老君眉茶场场长武世化介绍："我们每年生产老君眉系列茶10万斤，产值有1.2个亿，绿茶占60%，红茶占20%，黑茶占20%。"

打造希望产业 助力脱贫工作

目前，整个红安县所有有机茶生产企业和合作社都共享老君眉品牌，以地名进行区别。共同实现茶产业、茶文化、茶旅游融合发展，并通过这样的方式带动脱贫户增收。

在脱贫攻坚工作中，红安县把茶叶作为希望产业。"十亩富一户，千亩富一村，万亩富一乡"，大力发展"老君眉＋"模式，广聚各方力量，提高广大农户种茶的积极性，促进茶产业大发展。

红安县林业局局长贺勇表示，老君眉茶场分以下几个扶贫模式：第一是由老君眉茶场跟村里签订协议，每个贫困户按照一户3亩的模式。第二是合作共建，由社会业主与老君眉茶场联合共建，带动贫困户也采取一户3亩的模式。第三是贫困户自建，由政府提供技术指导。

每新建 3 亩茶园必须要带动一个贫困户。目前，红安县已经新建高山有机茶扶贫基地 6000 多亩，2000 多户贫困户从中直接受益。

倪德江说："这个产业的这种模式带动了乡村扶贫。我粗略估计了一下，老君眉带动农户应该在 5 万人以上。"

老君眉茶是红安农业产业特色品牌，通过发展老君眉茶产业，引领贫困户走上了脱贫致富的道路。

（湖北垄上行：《一叶老君眉带领贫困户脱贫，年产茶 10 万斤！20 年茶文化如何发展？》，

2019 年 5 月 16 日。）

据统计，全县已建成的千亩以上现代农业科技示范园从 2013 年的 10 家发展到 71 家，规模以上农产品加工企业由 2013 年的 6 家发展到 63 家，家庭农场、农民专业合作社等新型农业经营主体由 50 多家发展到 1800 多家，"三品一标"农产品由 12 个发展到 55 个。

第四节　易地搬迁"红安样板"

坚持"挪穷窝"与"换穷业"并举、安居与乐业并重、搬迁与脱贫同步，严守搬迁对象识别精准、住房面积不超标、搬迁户不举债、建新必须拆旧"四条红线"。坚持统一选址、统一规划设计、统一踏勘、统一建设、统一精简装修，建成"设施齐全、功能完善、管理规范、产业配套、就业充分"的安置点 168 个，实行"交钥匙"工程，实现贫困户拎包入住。

■ 故事：红安"竹林新村"探访："新村"如同城市社区

2018 年 8 月 16 日，《湖北日报》全媒记者来到湖北省规模最大的易地扶贫搬迁安置点——红安县城关镇"竹林新村"探访。

"新村"如同城市社区

前往探访之前，红安县扶贫办主任姚福祥介绍说："竹林新村总面积 118 亩，汇聚了全县 13 个乡镇场 954 户 3357 名建档立卡的贫困人口。论规模，当属湖北第一、中部省份第二。"

把这么多贫困人口集中搬迁到县城一隅，会不会人为制造出一个"城市贫民窟"呢？记者不禁心存疑虑。

沿着红安县城宽阔平整的河西大道一路前行，再转个弯，很快来到了竹林新村。

不看不知道。原来，竹林新村并不是"村"，而是一个崭新的城市社区。入眼，是一栋栋荆楚风格的六层住宅楼，依山傍水、错落有致。在新村大门

红安县竹林社区

两侧，是购物广场、美食城、幼儿园、卫生院等商业网点与社区服务设施。走进小区，只见绿化、广场、路灯、广播、健身器材等设施应有尽有。几栋新楼的拐角处，孩子们正在游乐设施上快乐地玩耍。老人们脸上挂着笑容，坐在长条椅上休息聊天。

我们敲开了 22 栋 1 单元 101 室的门，从城关镇梅潮村搬迁过来的梅实生一家 5 口人正准备吃晚饭，"四菜一汤"已上桌。年过六旬的梅实生老人告诉我们：他家作为建档立卡贫困户，2017 年 11 月摇号分得新房，没交一分钱，就顺利搬迁入住。现在，儿子就近打工，儿媳料理香菇棚，每月有数千元的固定收入。两个孙女就近上学，还免交学费。"非常满意，非常满意！"梅实生乐呵呵地说，"以前日子苦，现在总算彻底翻身了。"

在另一栋楼内，从杏花乡娥花村三组搬来的秦芳兰大姐说："以前住危房，打雷下雨都怕房子坍塌，现在再也不用担惊受怕了。不掏一分钱，就像城里人一样住上了新楼房，真是做梦也没想到啊！"我们看到，竹林新村成立了物业管理公司，各项管理井井有条，物业费按每月每平方米 0.3 元收取。梅实生家 125 平方米的房子，一个月物业管理费 37.5 元。"很便宜，完全能够承受。"梅实生说。

屋顶发电，造福贫困户

我们在竹林新村边走边看，很快发现：每栋楼的屋顶上，都安装了一排排倾斜的太阳能发电板。物业经理李作林说："新村内 39 栋住宅楼、1 栋配套服务用房，全部安装了屋顶分布式光伏电站。"原来，2017 年 10 月，红安城投资产运营公司承建竹林新村光伏发电项目，经过 8 个月的奋战，已顺利并网发电，目前运营状态良好。这个光伏发电项目，总投资 1500 万元，充分利用了竹林新村闲置屋顶，总装机容量约 1.5MW，每年可发电 150 万千瓦时，直接经济收益 120 万元。

屋顶发电的收益如何分配呢？

姚福祥告诉我们，按光伏扶贫政策，竹林新村屋顶发电收益归安置点所

竹林社区屋顶发电

有贫困户。搬迁入住前，已有 907 户每年享受到全县光伏扶贫收益 3000 元。搬迁入住后，954 户贫困户每年还可增收 1000 元左右。

挪了穷窝，换了穷业

我们在竹林新村看到，这里成立了社区党委和物业公司，服务管理模式运行良好，"社区＋物业"管理模式已落地生根。城关镇选派一名副科级干部任易迁办副主任兼竹林社区党委第一书记，并选派 2—3 人组成专班，负责社区日常工作。

社区党委统筹谋划社区治理工作，引导成立社区居民委员会，并依法开展自治，与辖区内企事业单位开展联防联治，及时帮助居民解决困难。社区居民人人安居乐业，党组织成为共享幸福的"红色家园"。

社区统一为每户贫困户安排菜园，开通了公交线路，天然气接通到户，插卡即用，让贫困户同等享受城区居民的便利和公共服务。同时，对特殊住户给予人性化关怀。小高层安置房分配在公平、公开、公正的前提下进行，对家庭有身体残疾、体弱年迈、行动不便者给予特殊照顾，优先将一层二层房源作为其摇号分配房源，体现人性化关怀。红安县还出台了《单人及五保户安置点后期管理的意见》，明确专人管理，配齐床、凳、桌、椅、衣柜、被子、床单等基本生活用品。

社区党员设岗定责，在便民服务大厅实行"一站式"服务，与上门服务结合，为群众代办上户口、合医报销、医疗救助、贷款办理等事务。党员成为传递幸福的"红色细胞"。

要安居，更要乐业。竹林新村的易迁贫困户，户户对接了扶贫产业，全部达到了"两不愁三保障"脱贫标准。

——入股德青源农业生态项目。按照国家易迁政策，红安县将易迁安置项目建设结余资金通过县圆投公司入股德青源项目，让竹林新村每户每年可分红1300元，2017年已实现首次分红。

——就业务工对接。两年来，竹林新村已组织召开96场次务工对接会，累计安排869户1179人在县内就近务工或者外出务工，人均务工年收入超过1.6万元。此外，对无劳动能力或者劳务收入偏低者实行政策兜底，共342户。

——扶贫产业送到家门口。竹林新村建设了蔬菜基地，统一为每户贫困户安排菜园。实施香菇种植"1115工程"，采取"市场主体+社区+贫困户"的租赁方式，实现了一家贫困户参与一个大棚、一户种植1000菌棒香菇、户均年创收5000元的目标。

高桥镇邓家湾村贫困户汪昌贵在新入住的易迁房贴对联感谢党恩。

"竹林新村易地搬迁，采取全新的'党建+搬迁+门口产业'模式，让所有易迁贫困户搬得出、稳得住、能发展、可致富。"红安县副县长鲍晨辉说，"事实证明，竹林新村的易地扶贫搬迁模式是成功的"。

（黎海滨，李绍伦，江发权：《湖北红安"竹林新村"探访："新村"如同城市社区》，《湖北日报》2018年8月22日。）

第五节 "五位一体"敢为人先

探索农村基础设施建设"2+N"模式。红安既量力而行，又尽力而为，把有限资金用在刀刃上，切实解决群众最关心、最直接、最紧迫的利益问题。同时，坚持走群众路线，群众的事情商量着办，充分发动群众、宣传群众、组织群众、依靠群众，激发群众自身发展动力，凝聚打好脱贫攻坚战的磅礴力量。

2018年以来，红安县委、县政府深刻领会习近平总书记关于切实实施乡村振兴战略的要求，着力推进"三乡工程"和能人回乡创业"千人计划"，落实"五个振兴"任务，加快农业大县向农业强县的转变，不断巩固脱贫成果。以稳定脱贫为中心配置资源，集中政策、财力、人才等优势资源，打好政策"组合拳"，既不降低标准，又不吊高胃口，确保脱贫政策不变、干部包保要求不变、扶贫力度不减。

完善政策保障体系。深入研究《红安县关于进一步激发内生动力加快脱贫致富奔小康实施方案》《2018年巩固脱贫成果实施方案》《进一步加快发展壮大村级集体经济的实施意见》等10多个文件，建立稳定脱贫长效机制。建立精准识别应急机制，对因灾因病致贫的群众，完善程序，享受帮扶政策，开网后进入；对不符合条件的贫困户，先中止享受帮扶政策，开网后剔除，确保"卡内无硬伤、卡外无真贫"。为支持发展壮大集体经济，从2019年起，县级财政每年整合1800万元专项资金，按照每村30万元的标准，滚动扶持60个村发展特色产业，增强"造血"功能。

推进能人回乡创业。红安县结合实施乡村振兴战略，按照省委省政府部署，大力推行市民下乡、能人回乡、企业兴乡"三乡"工程，打造精准扶贫新引擎，培育乡村振兴新动力。运用工程措施和招商引资办法，县委专门召开动员会和座谈会，用好国家和省、市、县支持能人回乡创业的扶持政策，研究制定《红安县支持"三乡"工程建设十项政策》，在土地、奖补资金、用工、税收等方面给予优惠。发出公开信 15000 余份，召开各类座谈会 406 场（次），成功签订投资协议项目 136 个，投资额达 57.81 亿元。如龙潭寺村引进能人姚峰，投资 2000 万元打造集农作物种植、特种水产养殖及农副产品加工销售、生态休闲观光旅游于一体的综合性生态农业产业，流转土地近 1500 亩，帮扶贫困户 58 户 200 人，带动了集体经济增收。

激发内生动力。坚持扶贫与扶志扶智相结合，开展脱贫宣传"五专"（专赛、专讲、专栏、专演、专访）、驻村帮扶"三会一讲"（场子会、对接会、院子会，贫困户讲脱贫故事）等活动，开展文艺演出"送戏下乡"300 多场（次），选树 100 名"我脱贫、我光荣"先进典型，讲好"脱贫故事"，充分激发贫困户脱贫致富的主体意识。

加大民生保障力度。按照"集中安置、分散安置"的方式实施易地扶贫搬迁工程，三年任务两年完成，建成"设施齐全、功能完善、管理规范、产业配套、就业充分"的幸福小区 168 个，3464 户贫困户喜迁新居；出台危旧房改造政策，全拆全建补助 3 万元（单人户补助 1.8 万元），部分改建补助 1 万元，投入资金 1.2 亿元，完成改建任务 7233 户；按照"龙头一开，清水自来"的标准，实施农村饮水提升工程，改善 24709 人的饮水质量；建成美丽乡村示范点 64 个，建设水冲式厕所 220 座，建成文化广场 340 个、百姓舞台 180 个。整合 1 亿元专项资金，采取以奖代补的方式，撬动社会资本、群众投劳 1 亿多元，推行"2+N"模式（便民小道、路灯 + 其他），建成便民小道 1800 千米，安装村组路灯 3 万多盏，较好地解决了农村"晴天一身灰、雨天一身泥、晚上出行黑灯瞎火"的问题。

"红安顺利通过了省里的脱贫工作验收，一条重要经验，就是坚决按照习总书记的指示，坚决反对摆花架子、搞花拳绣腿，对不严不实、弄虚作假者严肃问责。"黄冈市委常委、红安县委书记余学武说。

实践证明，实施最严格的考核评估是对群众负责，也是对干部的爱护。现在，不少扶贫干部一见面就是"包保户收入上来了""帮扶对象告诉我一个好消息"……脱贫攻坚是一场硬仗、苦仗，扶贫干部实打实地帮助老百姓摆脱贫困、把日子过好，自身也会得到成长、也会有成就感。

回眸过去，红安扶贫道路艰难坎坷；

喜看今朝，红安奋进之旅成果显著；

展望未来，红安发展脚步永不停歇。

红安的明天会更好！

红安人民的生活将更加幸福美好！

后 记
EPILOGUE

　　将军故里、传奇红安；脱贫摘帽、振奋人心。历经一年有余，《中国脱贫攻坚 红安故事》一书终于与大家见面了。

　　红安县坚持贯彻习近平总书记关于扶贫工作的重要论述，深入推进脱贫攻坚工作，真情真扶帮到实处。忆往事、叙故事、说新事，本书用一幅幅珍贵的图片、一段段真实的文字、一个个感人的事例记录了红安脱贫攻坚故事。文中分4个部分，共17章节，诉说了红安多年前的状况与贫穷，叙述了红安摆脱贫困的经济社会发展历程，讲述了近几年来红安县精准扶贫精准脱贫的奋进和发展，图文并茂、史料真实，得到了县委、县政府的高度重视，得到了县扶贫办、档案馆、县融媒体中心、县摄影协会、县派扶贫督查队、各乡镇（场、处）的大力支持和帮助。特别是得到了"中国扶贫书系"编审委员会的大力指导，得到了"中国脱贫攻坚故事"丛书编写组的精心修改。在此，向关心和指导此书组稿、编写、排版、发行的各位专家、领导、同事、老师表示衷心的感谢！

　　雄关漫道真如铁，而今迈步从头越。脱贫攻坚成过去，巩固提升再出发。2018年8月7日，湖北省政府正式宣布红安县退出贫困县后，县委、县政府坚持按照三年行动方案的要求，继续以脱贫攻坚统领全县经济社会发展。贫穷成为过去，未来前景美好，我们相信，红安的明天会更好！

　　由于时间仓促，水平有限，若有疏忽，敬请谅解！

本书编写组
2019 年 9 月